Pluralismo y Democracia

Solo unidos podemos cambiar el mundo

Pluralismo y Democracia

*Solo unidos podemos
cambiar el mundo*

Abercio L. González V.

Dedicatoria

Para alguien que estudia el mundo, su historia y como ayudar a cambiarlo, sin cuyo apoyo y dedicación este proyecto no hubiera sido posible: José A. González, mi hijo, y para alguien que disfruta conociendo el mundo, tratando de crecer y entender mejor a todas las razas, Liz F. González, mi hija.

Contenido

Dedicatoria 7

Prólogo 11

Capítulo I.

Definiciones 13

    1.1. Ideología 13

    1.2. Pluralismo 21

Capítulo I I

Raíces 35

    2.1. La sociedad Tribal 36

    2.2 La familia (El núcleo familiar en la historia) . . . 46

    a. Definiciones 46

    Históricamente 48

    La estructura Familiar 49

    2.3 La sociedad feudal 54

    2.4 El estado nación: constitución y gobierno 68

Apéndice: 79

Capítulo III

El poder religioso (La era del miedo y la Inocencia). 81

    3.1 Budismo E Hinduismo. 83

    3.2 El Budismo. 84

    3.3 El Islamismo. 87

    3.4 EL Judaísmo. 91

    3.5 El Cristianismo. 101

Capítulo IV

Sistemas políticos y Organización social. 117

    4.1 Capitalismo. 120

    4.2. Socialismo. 128

Capítulo V

La propuesta Pluralista. 137

    5.1 El nuevo Orden socio-económico. 137

    5.2 Educación Pluralista. 154

    5.3 La función de la política. 156

    5.4 Los vicios de la política. 160

    5.5 La educación política. 163

Conclusiones. .167

Fuentes de Consulta, Estudio e Investigación (Bibliografía). .169

    7.1 Consultas. 169

    7.2- Guía Bibliográfica 169

Capítulo.II: Raíces 174

Capítulo III: El poder Religioso. 176

Capítulo IV: 177

    Sistemas políticos y organización social. 177

    Capítulo V: La propuesta Pluralista. 178

Prólogo.

La idea de la creación de un nuevo sistema social que rija la convivencia familiar, la educación, el trabajo creativo, las leyes y el aparato del estado de cualquier país, surge de la necesidad actual de buscar una respuesta o una salida ideológica, económica y social frente al fracaso y deterioro de los dos más experimentados sistemas político-ideológicos y económicos: capitalismo y socialismo; los cuales han creado estilos de vida y de convivencia social con innegables aportes de mayor comodidad y progreso para los humanos, sin embargo, a causa de su degaste e incompetencia para responder a las necesidades sociales, económicas, educativas, y espirituales de todos en la sociedad; han creado un vacío que clama a gritos por la creación de un nuevo estilo de vida y de convivencia que dé oportunidad a todos los convivientes del planeta.

Frente a la actual coyuntura en la cual eminentes líderes políticos e ideólogos tanto en el campo socialista, como en las sociedades capitalistas más avanzadas de nuestro mundo actual, han reconocido la ineptitud de ambos sistemas socio-económicos y políticos para resolver las necesidades y expectativas de los habitantes del planeta. Se ha creado un limbo político e ideológico que algunos han querido llenar con ideas pesimistas; otros con profecías derrotistas y muchos otros con parches de remozamiento tales como: Globalización, Neo-liberalismo, socialismo del

11

siglo XXI etc. Inclusive alguien se ha adelantado a profetizar el fin de la historia de la humanidad. Sin embargo, nos atrevemos a lanzar el reto a nuestros hermanos los vivientes de que es posible encontrar una salida, en la cual podemos soñar y crear un nuevo estilo de vida, de convivencia y bienestar para todos.

No pretendemos convencer a nadie de que el pluralismo ideológico sea la panacea para nuestro mundo; pero sí estamos seguros de que su implementación puede ser una respuesta válida, un sistema nuevo de gobierno, un nuevo estilo de educación, convivencia social y de organización política que llene ese vacío. Basta con señalar que la lucha sostenida por nuestros antepasados por erradicar estilos de vida y sistemas políticos que violan los derechos elementales del ser humano (derecho a la vida, la libertad, la libre expresión del pensamiento, derecho a la alimentación, a la vivienda, a la salud, a la educación, derecho a profesar su preferencia religiosa) crearon formas de convivencia social y organización política, que nos han legado sociedades modernas más abiertas y pluralistas.

El pluralismo ideológico late en las mentes y el corazón de todos los convivientes de la tierra, pero muchos no lo dejan aflorar o expresarse por temor o conveniencia. Sólo abogamos por la creación de un estilo de vida social en el cual cada ser humano tenga los mismos derechos y responsabilidad social sin importar su status, su condición económica o su preferencia religiosa. Cuando hablamos del pluralismo ideológico estamos abogando por la práctica real de respeto a la libertad (individual o colectiva) a la libre expresión, a la justicia social, al bienestar económico, a la participación política, a la educación y a la preferencia religiosa del hombre.

Capítulo I:

I. Definiciones.

1.1. Ideología.

El diccionario M. Webster's describe el concepto de "Ideología" como, "el conjunto de ideas características de un individuo, grupo o cultura; como" un conjunto de teorías, afirmaciones, y objetivos que constituyen un programa político, social, y económico". [1]

Si desglosamos dicha definición, lo primero que descubrimos en el concepto "ideología" es que se entiende como tal, a un conjunto de ideas.

"¿Y qué es la idea; O qué son las ideas?"

Echamos mano de nuevo al diccionario que nos dice: "idea es un plan de acción" [2]

Cuando decimos "tengo una idea" o preguntamos si no sería una buena "Idea" hacer esto o aquello, estamos precisamente proponiendo un plan de acción, en torno a tal o cual necesidad. También define dicho diccionario como Idea, cualquier imagen que se graba en nuestra mente; considera además como "idea", el significado central o propósito de cualquier concepto, noción o impresión.

---

1 The M. Webster Dictionary, Copyright by M.W. Webster Dictionary USA, (1998) 2566.
2 Ibídem.

Desde la antigüedad los filósofos más destacados vienen discutiendo sobre el origen y naturaleza de las ideas. Fue en la antigua Grecia, cuna de la civilización y cultura occidentales, donde se inició dicha discusión. Platón uno de los primeros filósofos que nos legó un estudio detallado sobre las ideas, considera que las cosas materiales son un reflejo imperfecto e instantáneo de las ideas. Según él existe un mundo de las ideas, perfecto, eterno e inmutable, fuera de nuestra mente. Y por consiguiente, nuestro conocimiento de lo material no es propiamente un conocimiento real, ya que está sometido a constante cambio y mutación.

En él se basan los idealistas para decir que la única realidad existente son las ideas. Que el mundo real y material que vemos es sólo un reflejo o representación de ideas grabadas o preexistentes en nuestra mente. Como decía Descartes, "algunos de mis pensamientos son como imágenes de las cosas". Aunque más tarde diría: puedo dudar de que todo lo que veo sea real; pero de lo único que no puedo dudar es de mi propia existencia ("cogito, ergo sum", "pienso, luego existo"). Considera además, que las ideas son innatas.

Frente al idealismo, en cambio, surge en Inglaterra el empirismo cuyos principales representantes: J. Locke y D. Hume, sostienen que el conocimiento humano viene no de la existencia de algo fuera de nuestra mente, si no de nuestra impresión o vaga representación mental. Por lo cual Hume dice, que la razón es simplemente "esclava de las pasiones".

Para I. Kant la autonomía o dependencia de la razón y del sujeto universal se opone al determinismo del sujeto empírico. El cree que el papel de la filosofía no es establecer reglas, sino analizar los juicios privados de sentido común. El conocimiento es limitado. Nunca podemos conocer las cosas tal como son en la realidad. Esa limitante del conocimiento es la base de la filosofía. De ahí nace la necesidad de la razón. Las ideas son sólo "objetos de nuestra situación, experiencia", decía Kant.

Basado en este concepto Kantiano de la idea como representación del objeto o del mundo exterior, W. Waldt dice que además de la memoria y la imaginación o percepción de las cosas, están presentes nuestros motivos personales, nuestras costumbres, condiciones de vida y nuestra experiencia en nuestro acto de conocimiento.

R. Steiner (1883) afirma además, que el pensamiento no es ni más ni menos que un órgano de percepción. Tal como el ojo percibe colores o la oreja sonidos, el pensamiento percibe ideas. Un aporte sumamente importante en esta discusión sobre el origen y naturaleza de las ideas en el proceso perceptual, es el de A C. Sanders, quien afirma que para tener una idea clara de la realidad debemos preguntarnos a nosotros mismos: ¿Cuál es la aplicación que hacemos o la solución propuesta al problema en cuestión?

La originalidad del pragmatismo que propuso Sanders está en su rechazo a la idea aceptada por los cientistas por alrededor de 250 años de que el conocimiento es un acto impersonal; él sostiene que nosotros adquirimos conocimientos (ideas) no cómo espectadores si no como participantes en el proceso de pensar. Tarde o temprano la información adquirida por dicho acto de conocimiento o ideas recibidas, resulta en la aplicación de un razonamiento lógico.

¿Pero cómo las ideas, Imagen, representación, abstracción, visión etc. Se convierten en conceptos?

El diccionario de filosofía y sicología de G.F. Stout y J.M. Baldwin, nos dice que la imagen más o menos adecuada de un objeto no visible o ausente a los sentidos, se convierte en idea cuando la persona diferencia mentalmente un objeto de otro; cuando compara por ejemplo una silla con otra; o cuando separa mentalmente dicho objeto de otros, entonces tiene una idea clara y no una simple representación o imagen del objeto. Así nace el concepto de silla en su mente. Es decir cuando puede describir sus características, su forma y su uso; o sea, su idea se convierte en idea abstracta o concepto.

Otra importante discusión entre los cientistas sociales por siglos, es cómo ha sido posible la transmisión de ideas de una persona a otra, de una cultura a otra y de una generación a otra. R. Dawkins sugiere que la evolución biológica trae, consigo la difusión de ideas a través de un gen que él llama "meme", como unidad de selección informática que traemos al nacer los seres vivientes. Esto no significa de ninguna manera que tengamos ideas innatas o que necesariamente seamos capaces de pensar y distinguir claramente sobre la naturaleza y existencia de todo lo existente. Si no que al contrario, hasta cierto punto Steiner tiene razón cuando define el pensamiento humano como un órgano de precepción que se desarrolla y ejercita con su uso. Ya que cuando la persona es expuesta a tareas intelectuales desde la educación primaria hasta los niveles superiores, alcanza mayor conocimiento y raciocinio.

De ahí el dicho popular que dice "nadie nace sabiendo". Dichas facultades de conocimiento y razonamiento se estimulan y enriquecen pues, con el contacto con medios y situaciones del intelecto. Al igual que se empobrecen y anulan con la falta de contacto y convivencia con la ciencia y la informática. Muchas personas confunden las ideas con los deseos, las intenciones, los planes, proposiciones y hasta con los argumentos y las teorías. Cada uno de ellos es un concepto diferente.

Al respecto dice S. Johnson que las ideas son imágenes mentales o fotos internas que tenemos de las cosas. En cambio, los conceptos son las opiniones o nociones verbales que expresamos. Cuando decimos en nuestro lenguaje cotidiano "esa es una buena idea" o es "una mala idea", estamos afirmando que una puede ser positiva y la otra negativa. También podemos manipular el pensamiento personal o el de nuestro interlocutor para justificar nuestra opinión, nuestra posición, e incluso nuestro interés, o conveniencia.

De ahí surgen las discusiones, los discursos, los debates parlamentarios, las consignas, las leyes, las constituciones, las teorías y hasta las ideologías políticas y religiosas. *Pero qué es lo que valida las ideas? es su viabilidad? Será su eficacia? O es el consenso o "contrato social" como lo llamó Rousseau, famoso filósofo francés. Es decir, qué es lo falso y qué es lo verdadero?*

Frente a la idea fundamental de los idealistas y los escépticos para quienes la mente nunca puede conocer lo que está fuera de ella y para quienes la idea nunca puede alcanzar o aprehender nada fuera del alcance de nuestro presente estado de conciencia. Al menos J. Stuart Mil y los idealistas más radicales admiten la validez de la memoria y la imaginación o espera de la idea por acontecer o llegar. Para ellos todo acto de memoria e imaginación se relaciona con una experiencia fuera del presente instante; y por tanto, el conocimiento trasciende las modificaciones de la mente y el razonamiento acerca de la realidad.

Sólo la teoría del realismo moderado de Aristóteles y Sto. Tomás de Aquino puede garantizar la validez de nuestras ideas como conceptos universales. Ya que según ellos vienen grabados en la naturaleza misma de las cosas. En esto se basan las llamadas ciencias exactas: matemáticas, astronomía, física,

Química, y otras que aducen que sus proposiciones universales son verdaderas porque están avaladas por la realidad. Sus leyes y teorías científicas están inscritas en la esencia y naturaleza de los objetos. Sus ideas sin embargo, no pasan de ser hipótesis ya que el universo está en constante cambio y evolución, afirman otros.

Sin entrar en el terreno de la lógica o de la religión sobre el concepto de la verdad, como garantía o validez de las ideas, podemos afirmar que la verdad es relativa. Las ideas a pesar de ser el fruto de nuestras experiencias, nuestras tradiciones, costumbres y valores. A pesar de sus límites y dependencias. A pesar de nuestras condiciones físicas, existenciales, económicas, culturales, sociales y políticas; son el eje y la llave que abre las puertas a nuestros objetivos en la vida, a nuestros sueños y aspiraciones, a nuestras metas y realizaciones. Las ideas son la base también de los grupos y organizaciones sociales y culturales, de los partidos políticos, de las entidades económicas, de los foros internacionales, de acuerdos y postulados, de las religiones y sus enseñanzas, de los credos y las creencias. Es decir, en pocas palabras, ellas rigen nuestras vidas. Son el motor de la historia. Han formado y tejido la red de las ideologías políticas socio-económicas y religiosas. Han forjado los grandes inventos que mueven los ejes de la industria, los procesos tecnológicos y los grandes proyectos de investigación y exploración espacial.

El concepto de ideología contiene diferentes significados dependiendo del punto de vista de quien la defina o del conjunto de ideas y valores que sustente o defienda. Para C. Marx la ideología no es más que un instrumento de dominación de la clase dominante. Eagleton dice que la literatura es el perfecto ejemplo de ideología dominante que emplea los mitos de belleza y de verdades eternas para distraer las mentes de los más explotados y justificar el orden socio-económico establecido. Al mismo tiempo, Eagleton sostiene que la literatura puede ser usada como un medio de redención o concientización de las masas explotadas.

El término *"Ideología"* nació como idea de debate político y filosófico en los días de la revolución Francesa. La palabra ideología fue inventada por Destutt de Tracy en 1796 quien definió su estudio como "ciencia de las ideas". Según K. Mannheim's quien primero usó el término de "ideólogos, fue Napoleón Bonaparte quien lo usó, para ridiculizar a sus oponentes políticos a quienes llamó "ideólogos" o republicanos liberales.

La definición Marxista del concepto ideología como instrumento de dominación y de lucha de clase no abarca la función necesaria del término *"ideología"* como medio de integración social y de convivencia humana. Es decir que no podemos obviar los aspectos psicológicos y espirituales de la acción ideológica de la mente humana. Con ello abarcamos el aspecto sico-social que juega en la construcción y reconstrucción de las ideas la interacción social, (Ver D.W. Minar y W.A.Mullins) parafraseando hasta cierto punto al sociológico Pierre Bourdieu.

Para L. Althusser en cambio, las ideas son el producto de la práctica social y no al revés. Lo que sería que nuestras ideas determinan y originan nuestra práctica social y nuestro comportamiento. Ya que según Althusser las *"ideas"* son materiales y conforman lo que él llama *"el aparato ideológico del estado";* lo cual es una especie de ley intrínseca a la lucha de clases.

La ideología política es la práctica de los diferentes partidos que han surgido a lo largo de la historia en cada país. La ideología como conjunto de principios, ideales, doctrina y normas que conducen la acción política de los diferentes grupos sociales agrupados en partidos, nos explica las causas y consecuencias de los diferentes sistemas, sus metas y sus métodos. La ideología política más que una colección de ideas o un conjunto de ideales convierten las acciones de las personas que la profesan, en formas de gobierno, sistemas socio-económicos y credos políticos. En otras palabras, la ideología sostiene los sistemas de acción y de conducta socio-económica y política.

Las ideologías políticas dan sostenimiento y directrices a nuestra sociedad actual en cualquier sistema político, en todos sus aspectos o ramificaciones, tales como en los áreas de salud, educación, economía, sistema judicial, el campo laboral, seguridad social, derecho internacional, vivienda, comercio, emigración, aparato militar, uso de los recursos naturales, ecología, desarrollo tecnológico, relación del estado con las religiones etc.

Una gran parte de cientistas sociales coinciden en definir la ideología como un conjunto de valores y actitudes adoptados por un grupo social por encima de sus características individuales como son la raza, la edad, el sexo, los gustos y la posición social o ubicación de clase. Otros consideran que generalmente el sistema o *"status Quo"* impone a los pueblos un tipo de ideología mediante la propaganda y la influencia que ejercen los gobernantes y sus aláteres sobre los gobernados, sin darle oportunidad ni espacio a su derecho humano a la libre expresión y elección política.

Las ideologías pueden arrastrar a las personas al fanatismo, convirtiéndose en una fuente de creencias, postulados y conceptos cerrados, los cuales no admiten critica, ni análisis, ni discusión frente

3. Ob. Cit., pág. 95.

a otras ideas y/o creencias. Las ideologías también suelen producir tal grado de convencimiento y raciocinio- irracional que crea en muchos seguidores el deseo voluntario del sacrifico incondicional de sus intereses e incluso hasta de sus propias vidas a cambio del servicio a la ideología; o la satisfacción del deber cumplido.

Un buen ejemplo de ello son las personas que van a la guerra. Los sacrificios humanos que hacían nuestros antepasados a sus dioses, etc. Aunque muchos teóricos afirmen que estamos viviendo en tiempo de la post-ideologías (Capitalismo y Socialismo básicamente) ya que estos no han proporcionado el progreso y bienestar que prometen para todos los habitantes del planeta en el campo económico, ni han podido saciar la sed del alma humana por encontrarse consigo misma, ni han respondido a la necesidad social de crear normas y valores de comportamiento social civilizado (esto es, un hábitat de tolerancia, igualdad etc.)

Nos atrevamos a afirmar que por el contrario, estamos en el umbral de una nueva ideología *"el pluralismo Ideológico"*. Pero qué es el pluralismo?

1.2. Pluralismo.

El término pluralismo procede del signo más, que en matemáticas significa sumar, añadir etc. También significa matemáticamente el signo positivo en oposición al signo menos que es negativo, pero tiene su origen más inmediato en la palabra plural, que significa más de uno. Etimológicamente entonces podemos concluir que el pluralismo es un sistema de ideas que se basa en más de una idea u opinión. Que suma, añade y perfecciona; pero no resta ni discrimina, por tanto.

Explorando en Google (en el internet) nos encontramos en su índice de libros de sociología que el pluralismo tiene tres significados en las ciencias sociales.

1- El pluralismo es un modelo de políticas donde el poder es asumido para ofrecer a los diferentes individuos e intereses de grupos una sociedad que les asegure procesos políticos que sean relativamente abiertos y democráticos y que reflejen un espectro de intereses sociales en vez de intereses de grupos o personas particulares.

2- El pluralismo describe una sociedad donde las diferencias de individuos o de grupo están presentes y se exaltan como enriquecimiento de la estructura social.

3- El pluralismo es un punto de vista del efecto del fenómeno social, especialmente del cambio social, que examina la interacción de la variedad de factores, en vez de relegarlos a una simple explicación de su causa.

Varios autores han escrito ensayos acerca del pluralismo aplicado a la libertad religiosa y la cooperación interdisciplinaria para resolver conflictos inter-religiosos. Otros han examinado el antagonismo histórico en el campo de la medicina, entre medicina alternativa y la medicina convencional por ejemplo, la diversidad de la medicina actual en los Estados Unidos. Otros ensayos han aplicado el pluralismo académico para el estudio de sociedades biculturales en África y Sud América.

También se han hecho avances en el campo de la crítica forense en Europa, tomando como base el pluralismo. Algunos ensayos formulados en el viejo continente, examinan la formulación de sistemas legislativos y su conexión con teorías y principios basados en una concepción pluridimensional. En varios casos se ha tomado en cuenta la libertad de expresión de las ideas y tolerancia como base de una sociedad democrática y como condición elemental para el crecimiento y progreso del individuo. Así como la posibilidad del pluralismo educativo para la preservación y promoción de la democracia social. También aboga por el uso de una televisión sin fronteras, en la cual se debe prevenir todo acto de intolerancia o censura que impida la libertad de expresión y la creación de posiciones dominantes que restringen el pluralismo de la información.

El Pluralismo significa respeto y reconocimiento de la diversidad y dinámica de las tradiciones, culturales, étnicas, creencias religiosas, de ideas socio-económicas, conceptos artísticos y literarios diferentes. Para Diana L. Eck, redactora del proyecto pluralista de la Universidad de Harvard (USA), el pluralismo no es sólo diversidad de ideas, ni es simple tolerancia religiosa o cultural, ni relativismo. Al contrario lo define como un enérgico compromiso de respeto entre los diferentes grupos religiosos, conocimiento de las creencias e ideas entre unos y otros; y una activa búsqueda de comprensión de las líneas de diferencia entre ellos.

Tolerancia es también la creación de un mundo de armonía religiosa y acercamiento. Es quitar las barreras de la ignorancia entre ellos; los temores, los estereotipos y los viejos patrones de división y violencia aún presentes en el mundo de hoy. Considera así mismo, que la ignorancia de unos respecto a los demás grupos religiosos puede ser muy costosa.

El pluralismo, pues, agrega, no es aislamiento sino relación de unos con otros. El pluralismo se basa en el diálogo y/o el encuentro, en dar y recibir, críticas y auto-críticas, Hablar y escuchar. Compresión común y diferencias reales.

Para J. Pait, en su artículo: pluralismo: *Condición o filosofía? en el cual se Pregunta: Qué es el pluralismo en la sociedad?* La respuesta depende del contexto en el cual se use la palabra pluralismo. Cuando ésta se refiere a una condición social; el concepto describe a una sociedad en la cual distintos grupos viven juntos en tolerancia unos hacia otros. Cuando el término se usa en sentido filosófico, el pluralismo es la creencia de que ningún sistema puede demandar las respuestas de la vida de los individuos sin apoyo de la sociedad.

El pluralismo corporativo dice este autor, es cuando la sociedad trata de imponer su doctrina a cada grupo religioso, lo cual destruye la esencia del pluralismo. Suprime la diversidad de ideas y de culturas en vez de dejar que estás afloren. Es peligroso para la sociedad cuando se le dice cómo debe pensar y cuáles creencias son aceptables.

"América ha evitado muchos conflictos que envuelven otras culturas porque hemos creado la condición del pluralismo... Esta libertad y protección es el eje común que nos une".[3] También dice que "Esto ha permitido que personas de distintas e incluso conflictivas culturas, y creencias sean capaces de ir y morir unos juntos a otros en el campo de batalla"[4]

A pesar de esta afirmación tan comprometedora de Pait acerca del supuesto pluralismo americano, él mismo reconoce que *la historia Americana no es una muestra de filosofía pluralista*[5] Pues, a pesar de que los primeros emigrantes quienes crearon la Nación Americana no buscaban establecer un gobierno sostenido por la religión, tampoco ignoraron sus ideas cristianas como base de la constitución; pero al mismo tiempo contemplaron tolerar y respetar otras religiones en su contenido.

---

3 J Pait, American Daily, Phoenix, AZ. March 11, 2003.
4 Ibídem.
5 Ibídem.

Esta tolerancia religiosa y el respeto por la diversidad de ideas han estado presente a lo largo de la historia estadounidense de forma activa frente a los conflictos religiosos que han surgido en muchas comunidades. Sin embargo ese pluralismo relativo no ha permitido crear la base para una filosofía pluralista integral que rija los destinos de esta sociedad en todos sus aspectos. Pues, como afirma Pait "la Única Filosofía o religión aceptable (pluralista propiamente) es aquella que dice que no hay verdades absolutas"[6] Por eso, muchos cientistas sociales afirman que nuestros gobiernos (demócratas representativos) se rigen por *"medias Verdades"* o verdades a medias.

J. Donne (1982) en su ensayo *"pluralidad de mundos"*, nos dice que el pluralismo nace del sentido común. A pesar de miles de años transcurridos, en los cuales el pluralismo ha sido desplazado por el "monismo" no ha sido hasta los tiempos recientes cuando el indeterminismo y el pluralismo han superado al determinismo y el monismo, sus oponentes; gracias a los estudios de varios filósofos y cientistas sociales.

Una mirada retrospectiva de la historia nos muestra que en la antigua Grecia el premier filósofo en propagar el pluralismo fue Empédocles, con su tesis acerca de los elementos fundamentales del universo (tierra, agua, aire y fuego); contrario a Heráclito, Empédocles decía que el amor y el conflicto son fenómenos de una misma realidad, pero están separados. Su aporte más original fue su defensa del indeterminismo y la democracia, dos pilares del pluralismo. Sus prácticas democráticas y sus escritos políticos influenciaron la inclinación política hacia la democracia entre los defensores del pluralismo desde el inicio de la civilización occidental.

---

6 Ibídem.

En cambio, para Demócrito y Leucipo la substancia básica indestructible en la formación del mundo es el átomo infinito. La teoría de Heráclito con relación a la pluralidad de mundos seria predecesora de casi todos los modelos pluralistas del mundo, desde la monadología de Leibniz hasta el atomismo lógico de B. Russel. Su idea cosmogónica de pluralidad de mundos, sería rechazada más tarde por Aristóteles, quien defendía la idea de un solo mundo (por alrededor del siglo nueve D.C). La teoría epicúrea del cambio fue aceptada por los filósofos más connotados y reforzada por la teoría de las cuatro causas de Aristóteles, la cual fue defendida también por Mutazilites y los seguidores de Hassan Al-Basri en la teología Islámica.

Pero con la caída de la civilización Griega el pluralismo sería revivido de nuevo. No obstante con el acenso de Constantino al trono romano y la oficialización del cristianismo en los siglos subsiguientes, y más tarde, con el establecimiento del escolasticismo en la Edad Media, toda enseñanza y práctica pluralista fue sustituida por los postulados monistas y monoteístas fundamentados en los postulados aristotélicos.

Basta recordar el rechazo a todo tipo de tesis académica, científica o religiosa liberal. Las cuales eran perseguidas y condenadas incluso con la hoguera por la Inquisición. En el mundo Islámico la Teocracia fue tan despótica como la católica. En Irán por ejemplo, floreció la filosofía panteísta que influencia más adelante el pensamiento pluralista europeo. El panteísmo era una continuación del estoicismo griego, enriquecido con creencias islámicas y cristianas. Estas se oponían al sacerdotalismo, respetaban la igualdad de todas las religiones y consideraban su fe como una religión cosmogónica. Rechazaban la religión tradicional y propagaban la idea de adoración de

Dios en el corazón, en vez del uso de templos como lugar de adoración. Muchos de sus ideas se plasmaban en poemas, como expresión de panteísmo.

El prominente poeta Iraní J. Rumi hacía constantes menciones de los filósofos griegos de diferentes escuelas, incluyendo las atómicas; en sus poemas refleja la idea de Dios como fuente de luz del pensamiento humano en las diferentes creencias religiosas. El representa la mejor alegoría de un panteísta quien al mismo tiempo proclama la idea de un Dios único y sus diferentes representaciones en el mundo. El más notable filósofo de la Edad Media, W. Ockhams, fue excomulgado por la Iglesia Católica por defender la idea de la pluralidad de mundos como expresión del poder de Dios. Abogó por una Iglesia democrática como reemplazo de la jerárquica y defendió el uso de numerosos elementos de acuerdo a su significado en el análisis de la realidad. El también fraile Franciscano R. Bacón, usó el empirismo para el principio del sentido individualista de las cosas por poseer diferentes cualidades; aunque defendió las ideas monistas, denota en sus razonamientos filosóficos influencia pluralista.

Pero lo que abrió de nuevo las puertas a las ideas pluralistas fue el advenimiento del Renacimiento en el orden académico, cultural y filosófico; y el del protestantismo en el campo religioso. La emancipación de las ciencias y de la filosófia del yugo eclesial costó miles de vidas y años de enfrentamientos sangrientos en ambos frentes (El tradicional u ortodoxo y el de la Reforma en sus diferentes versiones). La defensa de la tolerancia religiosa y la separación de la fe del poder político traerían más tarde, la separación de la ciencia y de la filosofía de la religión; y la separación de la filosofía como ciencia de la razón y la teología como ciencia de la fe.

Dichas distinciones escolásticas han prevalecido hasta nuestros días. A partir de esto surgieron en Europa la defensa de las ideas racionalistas y el desarrollo de las ciencias naturales. Dicho movimiento filosófico se inicia con las ideas cartesianas que sirvieron de base para la aparición del subjetivismo *(el sujeto como centro de la realidad)* y del existencialismo *(prioridad del ser concreto, existencial y social)* como métodos de análisis y de conocimiento o explicación del mundo y su naturaleza.

Los postulados panteístas de Espinoza y Leibniz para quienes la realidad existente es una manifestación o extensión de la divinidad, favorecían también la difusión del pluralismo. *"la naturaleza divina (expresa Espinoza) posee atributos absolutamente infinitos, cada uno de los cuales expresa esencia infinita en su género".* Para Leibniz el mundo está formado de una infinita familia de entidades parecidas llamadas *"monadas"*, substancias indivisibles y cerradas que funcionan con una armonía preestablecida mediante la cual existen y se relacionan entre si.

A pesar de ese dejo de determinismo, admite el pluralismo en su método lógico al señalar que dichas monadas están sometidas a cambios o mutaciones. Son como almas con percepciones y deseos. Dios no es un simple espíritu y tiene pluralidad de percepciones, sentimientos y deseos. Leibniz acerca las ideas de la interacción entre cuerpo y alma, entre lo material y lo espiritual, dio término al dualismo cartesiano que separa la mente del cuerpo. Leibniz fundó la lógica matemática y abrió las puertas a la teoría de mundos paralelos que hoy se discuten y son la plataforma del pluralismo filosófico.

Desde el siglo XVII hasta mediados del S. XX, la evolución del pluralismo en los modelos filosóficos y científicos fue muy limitada, a pesar de las aportaciones de I. Kant en el campo filosófico y de Darwin y su teoría de la evolución de las especies, en las ciencias sociales. El monismo científico fue reforzado tanto por los racionalistas como por las empiristas mecanicistas. El pluralismo científico tuvo su más fuerte soporte en la formación del principio de la probabilidad de conceptos como base de la investigación social y de la lógica matemática de J. Locke.

Con ello Locke estableció el rechazo del absolutismo político y de las ideas dogmáticas; cuya practica y teoría servirán de clave a la democracia. Sus postulados también proclamaban la separación de poderes públicos, fundación de principios democráticos y oposición al ejercicio del poder por herencia. Sus propuestas de análisis económicos y políticos en el contexto de un gobierno democrático fueron los primeros intentos de una evaluación pluralista sistemática de la sociedad.

Así como Leibniz estableció los postulados básicos para un análisis pluralista en el campo filosófico, Locke lo hizo para el socio-económico. Su teoría de la separación de poderes en tres cámaras: legislativa, ejecutiva y judicial; y su teoría económica de cheques y balances, son el resultado de su aproximación al pluralismo para abordar los estudios sociales. Locke se oponía a todo tipo de concepto de *"ideas abstractas"* formuladas principalmente por Platón, Descartes y Leibniz.

Su apego a la experiencia como base del conocimiento sirvió de apoyo a las ideas filosóficas de Hume, Berkley, Marx y W. James. Berkley negaba toda realidad objetiva, excepto Dios. Hume, en cambio, decía que la idea de Dios es aceptada por *"la fe"* y las entidades empíricas son aceptadas por la *"experiencia"*. Aunque Kant no publicó ningún libro de religión hasta 1793, después de la muerte de Frederick William II cuando salió a la luz su título: *"Religión sin los límites de la Razón única"*.

Fue el mayor teórico del progreso en el período llamado *"la Ilustración"*, cuyos postulados sirvieron de escudo a la revolución francesa, la cual apoyó con sus ideas de progreso, desarrollo, derechos humanos y libertad individual. Más que un revolucionario Kant fue un Reformista, su meta era el progreso y la libertad individual. Pero su punto de vista de la sociedad y su defensa de la libertad individual ayudaron al crecimiento del pluralismo y sirvieron de apoyo a las ideas de los creadores de la democracia en América.

El pluralismo una vez más sería suplantado en la época moderna por el monismo hegeliano, por el fanatismo marxista, el subjetivismo Berkeliano y el escepticismo nietzqueliano, que afloró a través de las diferentes escuelas del pensamiento filosófico, que se apropiaron de las mentes en occidente a lo largo de todo el siglo XX hasta nuestros días inclusive.

El legado del pluralismo de Locke sirvió de apoyo tanto al subjetivismo de Berkley como al Agnosticismo de Hume. Sus ideas de derechos humanos, democracia y pluralismo fueron subordinados por su defensa de la propiedad privada que fue aprovechada por los filósofos de la economía capitalista. Su dualidad teórica trajo como consecuencia que los utilitaristas usaran su discurso para oponerse a los socialistas hasta llegar a una visión estrecha de liberalismo económico y convertirse al mismo tiempo en los teóricos de la ley Inglesa. Mientras que en el campo socialista predominaron las ideas de Hegel.

El único socialista que se mantuvo del lado del pluralismo de Locke fue Proudon. Menos sistemático que Locke, Proudon proponía una sociedad en la cual los individuos no tenían relaciones (compromiso) entre sí, ni con sus instituciones. Todas sus relaciones con dichas instituciones (gobiernos, matrimonio, Propiedad privada, religión etc.) son obligatorias. Creía en una sociedad sin individuos. Por lo cual fue nombrado como padre del anarquismo. Sus ideas fueron desarrolladas por Bakwnin en la Rusia revolucionaria.

El pluralismo de Locke influenció también en las ideas filosóficas de cientistas sociales Franceses como Helvetius y Voltaire quienes abogaban por ideas pluralistas en la educación, en las ciencias y en la política. Locke fue perseguido por sus ideas políticas por la corona Inglesa y se refugió en los países escandinavos. Aunque muchos consideran a Locke como el teórico del capitalismo a causa de su defensa de la propiedad privada como base de la democracia, su teoría política no se limitaba a la defensa del capitalismo; tal como la teoría de democracia y pluralismo de Empédocles no se limitaban a la defensa de la esclavitud. Así como una sociedad esclavista, ni una sociedad capitalista pueden ser consideradas como democráticas, ni pluralistas.

Esto es similar nos dice Ghandchi además, a los logros obtenidos en el movimiento socialista en cuanto a beneficios de desempleo que no son atributos de una sociedad capitalista o una sociedad socialista si no derechos del mundo actual. A pesar de que Ghandchi considera que los esfuerzos realizados en nuestro siglo XXI por muchos filósofos occidentales, tanto en la sociedad capitalista como en la socialista por establecer un sistema pluralista, a pesar de que teóricamente han formulado sistemas pluralistas que él llama *"cibernéticos o sistemas vacios"*, lo cual le lleva a creer que la búsqueda de un sistema pluralista es inútil.

Aunque agradecemos infinitamente a Ghandchi, de quien hemos tomado tanta valiosa información en este recorrido histórico del pensamiento pluralista, disentimos con él en cuanto la posibilidad y viabilidad de un sistema pluralista.

En su interpretación del pluralismo como una "doctrina que tiene varios significados" W. James (1907) en su tratado "un universo pluralista", dice que" las cosas existen una con otra, de muchas formas, pero nada incluye todo, o domina sobre todo". El mundo pluralista se parece más una república federada que a un reino o a un imperio."

Actualmente el filósofo con mayor impacto en los debates académicos sobre el pluralismo es I. Berlín quien afirma que los postulados éticos pueden ser aplicados a la sociedad. No podemos reducir el pluralismo al relativismo. El pluralismo contiene varios componentes por separado. Muchos de sus críticos dicen que Berlín confunde liberalismo con pluralismo y que su idea de pluralismo es contradictoria. Pues mientras defiende la libertad individual propone la teoría de inconmensurabilidad de valores.

En el fondo lo que debaten Berlín y sus oponentes es la dicotomía de los límites de la libertad y la moral. El liberalismo político y los derechos humanos; la lucha y su definición del bien y el mal. La verdad y el error, sus barreras y limitaciones. Entre teoría política y práctica moral y social. Es decir, como balancear la colisión de valores y los conflictos de intereses. Ese es el centro y el terreno en donde el pluralismo realmente entra en acción y justifica su rol.

¿Será el pluralismo entonces una doctrina filosófica controversial? Si el pluralismo es válido y verdadero tendrá que ser demostrado en la práctica social y política. Si es falso y contradictorio no está demostrado. Si puede convertir las partes dispersas del rompecabezas que es el mundo, su historia y su quehacer. Las ideas sueltas aquí y allá en todas direcciones en un conjunto armónico que rija los destinos del hombre nuevo; en un todo unitario; entonces el pluralismo es la respuesta.

El pluralismo se fundamenta más allá de la teoría, más allá de la tolerancia y el respeto mutuo de creencias, costumbres y preferencias sociales en los siguientes hechos y realidades existenciales:

Es un hecho comprobado ampliamente por la ciencia (Filosofía, psicología, antropología, arqueología etc.) la naturaleza social del ser humano.

Toda forma de opresión en sus diversas manifestaciones (esclavitud, tiranía, racismo, machismo, fanatismo, Intolerancia etc.) ha sido rechazada por la mayoría de los miembros de grupos, comunidades, organizaciones o familias que la han padecido y enfrentado.

En el fondo de la naturaleza social del ser humano existe un espacio reservado a su independencia y a su privacidad. Cuando dicho espacio es violado o invadido, las personas, los grupos, comunidades u organización de cualquier tipo, se rebelan y exigen el derecho a la libertad y privacidad individual.

La variable del crecimiento personal, social y nacional depende del desarrollo de nuestra capacidad de intercambio en el ámbito individual social y colectivo.

El nivel de desarrollo socio-económico, político y tecnológico de nuestro mundo actual no depende de la globalización, ni el mercado libre, sino de la formulación de intercambio igualitario y solidario en los campos arancelario y financiero,

La lucha constante de las mayoría de los pueblos del mundo por instaurar en sus países una democracia funcional que de validez al respeto de los derechos humanos y establezca un estado de derecho pluralista, de fronteras abiertas, y soberanía compartida de forma conjunta frente a sus países vecinos y todos los congéneres del planeta.

El pluralismo Ideológico no es un parche más para remozar el capitalismo decadente; ni mucho menos un híbrido de las ideologías predominantes hoy en día; sino, que es un salto dialéctico, como diría C. Marx, en el proceso de lucha de los pueblos, por su superación y desarrollo. Ni tampoco un paso transitorio en el vacío histórico que ha creado la actual debacle económica y financiera del sistema; sino una propuesta lógica y adecuada al devenir histórico de nuestro planeta.

Capítulo II:

Raíces.

La agudización de la crisis estructural de las ideologías en boga, ha traído como consecuencia no solo una readecuación de sus instancias, sino también un cambio de comportamiento de los diferentes grupos y organizaciones sociales. Esto se refleja por ejemplo en la *familia*, donde los roles tradicionales del hombre y la mujer han sufrido sustanciales transformaciones, tanto en sus relaciones intrafamiliares, como en su apropiación de derechos y responsabilidades.

Basta con mirar el avance del movimiento feminista en occidente. Así como los cambios de las políticas feministas en gran parte de los países orientales. Si echamos un vistazo al porcentaje de la participación de la mujer en el trabajo asalariado. Así como su participación en el mundo empresarial; en la actividad política y en la dirección religiosa, tenemos que convenir en que los vínculos del sexo femenino con el proceso de desarrollo global, están a la par de la participación y dirección masculina. También es notable el cambio de los valores tradicionales en el seno familiar, trayendo una nueva atmósfera en los hábitos y costumbres de las jóvenes generaciones en todo el globo terráqueo.

Asimismo se destacan dentro de estos nuevos aires de transformación familiar y social, los nuevos enfoques considerados antes como tabúes o temas prohibidos en las conversaciones entre jóvenes, y adultos; tales como: educación sexual, homosexualidad, control de natalidad, uso de las drogas, el aborto, higiene personal y otros que hoy son tratados abiertamente tanto en el ámbito familiar, en la aulas de clase y en la opinión pública.

2.1. La sociedad Tribal.

El diccionario define como tribu: "a un grupo de personas que tiene un carácter, intereses y una ocupación común."[7] Definición muy parca y parcial ya que, como dicen los autores de Wikipedia: la "estructura social de una tribu puede variar grandemente de un caso a otro. Aunque por el reducido número de tribus existentes su estructura es siempre relativamente simple" [8]

Cuál es entonces la estructura social que identifica a una tribu. O a sus componentes?

La posesión de valores culturales fuertes o de una identidad étnica que los distingue o separa de otros grupos.

Defensa de sus tradiciones y costumbres que infunden en sus miembros un profundo sentimiento de identidad.

Posesión de un lenguaje o códigos de comunicación propios que los identifica y separa de otros.

Hábitos de sustento y economía que los hace independientes y autónomos con relación al mundo que los rodea.

---

7   The M Webster Dictionary (1995) 552
8   Wikipedia, Wikimedia Foundation Inc. Google 1.

Etnocentrismo: conciencia de superioridad individual y grupal frente a otros grupos e individuos a los que llaman "inuit" o personas inferiores.

Como podemos notar estas características se encuentran en forma desarrollada y sofisticada en todas las sociedades civilizadas.

Casi siempre identificamos (en el mundo civilizado) a las tribus o a sus habitantes con hábitos y costumbres relacionados con la violencia y el llamado "salvajismo" o ley de la selva.[9] Sin embargo, no existen evidencias de que en la vida tribal se den niveles de violencia mayores, a los que ocurren en las sociedades civilizadas. Incluso los conflictos bélicos intertribales no son diferentes a los enfrentamientos fronterizos y las guerras que siempre han protagonizado las naciones civilizadas. Ya que las características de comportamiento y trato a las grupos vencidos o naciones conquistadas por ejemplo, es similar entre las tribus y los pueblos civilizados.

Las tribus tienen formas de subsistencia y producción de alimentos que no alcanzan la eficiencia y proporción que suministra la agricultura moderna. El tribalismo, o sistema de vida tribal, es una etapa en el proceso de evolución de la raza humana, anterior a la revolución neolítica (en la cual el hombre descubre y explota la agricultura) la cual refleja características propias de la sociedad tribal, tales como: asociación de grupos, altruismo, cooperación con otros grupos; violencia o rechazo dé otros valores; costumbres y creencias, pequeñas poblaciones, fuerte sentido de unidad e identidad cultural, propiedad y recursos propios compartidos entre todos los habitantes de la tribu y otras.

---

9   Lawrence Kelly. En "Guerra antes de la civilización" dice que el porcentaje de muertes en las tribus en sí, es similar al de las muertes por conflicto con otros grupos.

Las primeras tribus de la llamada época prehistórica del paleolítico eran grupos compuestos por comunidades pequeñas (formadas por no más de 20 a 30 personas). Hay que suponer que posiblemente estas tribus surgían de la unión de varios clanes o familias.[10] Las tribus más antiguas (originarias) habitaron en el este de África, de donde luego fueron emigrando hacia Europa y Asia, posiblemente en búsqueda de nuevos recursos y medios de subsistencia o gracias al aumento de población. Así lo confirman la edad de los fósiles y rasgos de escritura y pintura descubiertas por arqueólogos y otros investigadores modernos.

Sus principales actividades de subsistencia eran la caza y recolección de alimentos. Cada persona contribuía con su trabajo a sostener el grupo. Los hombres pescaban y cazaban. Las mujeres y los niños ayudaban en la recolección de frutas, raíces, granos y conchas marinas. Los historiadores consideran que estas eran tribus nómadas que se iban mudando de acuerdo a los cambios climáticos de cada región, de acuerdo a los movimientos de los animales aún salvajes y de acuerdo a la producción de frutas en cada región o estación.

Los primeros inventos encontrados por los arqueólogos en estos habitamentos antiquísimos, son utensilios hechos de madera, piedra y huesos de animales. Así como los rudimentos de lenguaje hablado tallado en cuevas y rocas. Vestigios de vestidos de pieles de animales. Estos primeros pobladores del planeta inventaron también el uso del fuego para cocinar sus alimentos. Dejaron huellas de sus creencias religiosas en las paredes de algunas cavernas que dan testimonio de que hace más de 30,000 años

---

10 M. Gladwell – en su estudió "Tipping Point" asegura que en el (tribalismo), el cerebro humano no está adaptado para relacionarse con grupos de poblaciones, basado en las observaciones de R. Dumbar, quien dice que el tamaño del cerebro de un primate está limitado al tamaño de su grupo social.

ya el hombre creía en espíritus y dioses a quienes honraban, con sacrificios y con ceremonias rituales. Sus primeras gráficas muestran su creencia en un mundo más allá de la muerte y similar al nuestro.

La primera gran revolución del hombre surge hace 11,000 años cuando muchas de estas tribus nómadas dejan atrás el nomadismo y empiezan a desarrollar la agricultura como medio de subsistencia. El segundo gran descubrimiento de la revolución neolítica fue la práctica de domesticar a algunos animales. El tercer gran aporte de la revolución neolítica se considera la construcción de viviendas y el diseño de las primeras aldeas.

Por primera vez, el hombre se convierte en productor de alimentos y comienza a diversificar y especializar el trabajo. Aunque los cambios tecnológicos introducidos por la revolución neolítica tomaron siglos en viajar de un continente a otro, cinco siglos más tarde (cerca de 5,000 años A.C) la revolución agrícola traería el surgimiento de grandes civilizaciones. La revolución neolítica trajo un cambio importante en los roles sociales y de poder político. El hombre desplazó a la mujer como jefe de la familia y sostén de la economía familiar y social. Estas relaciones hombre - mujer, poder político, relaciones familiares, y patrones culturales sólo se iban a afianzar y consolidar con la revolución agrícola.

Las culturas nómadas "son no –civilizadas" en el sentido de que su estilo de vida no presenta características de vida ciudadana. Sin embargo, muchas tribus nómadas desarrollaron tradiciones y costumbres sofisticadas en la poesía, en la música, y otras áreas del arte y ciencias. Los autores de "Historia Universal: conexiones actuales", llaman comunidades civilizadas a aquellos grupos de población que han desarrollado las siguientes características:

Construcción de ciudades.

Formación de gobiernos centrales bien organizados.

Establecimiento de religiones complejas.

División de trabajo especializado.

Formación de clases sociales

Desarrollo de arte y agricultura.

Construcción de obras públicas.

Desarrollo de una cultura escrita.[11]

Las condiciones y los cambios climáticos del planeta y los desafíos de la naturaleza han producido una historia de cambios y de enfrentamientos de una civilización con otras emergentes; Creando un proceso evolutivo que no siempre es positivo, ni completo; si no que por el contrario, dichas jornadas históricas muchas veces han significado procesos migratorios, campañas de persecución y exterminios de culturas avanzadas que han sido suplantados por otras menos civilizadas y creativas.

El intercambio de bienes producidos, de ideas y costumbres ha creado distintas formas y conductas de adaptación al medio ambiente y su época entre naciones, de unas con otras. Las creencias, costumbres, tradiciones y avances tecnológicos, aún como las avances en la ciencia y literatura de una civilización ha sido absorbida por otros pueblos no solo por encuentros naturales como los que producen el comercio; las vías de comunicación, transporte y las migraciones, sino también por confrontaciones violentas tales como: las guerras, las invasiones etc. mediante los cuales, los pueblos victoriosos terminan imponiendo su estilo de vida, creencias y costumbres a los vencidos. Aunque a veces por el contrario los vencedores adoptan formas y estilos de vida de los vencidos.

---

11 Elizabeth, Gaynare E. Anthony Esler Y B.F Seers. World History: Connections to today. New Jersey (1997) 17.

Los antropólogos están de acuerdo en que las sociedades tribales se distinguen básicamente de las sociedades capitalistas en que mientras las primeras tienen una jerarquía igualitaria, como forma de gobierno, y se basan en grupos organizados en torno al prestigio; en las segundas, los grupos sociales están divididos en clases sociales organizadas en torno al acceso a recursos y poder económico-social y político por supuesto. Además, en las sociedades basadas en clases, el pueblo se divide en grupos organizados jerárquicamente en términos de acceso al poder y los recursos, no solo en torno al prestigio social.

Esto se puede observar en las sociedades capitalistas, donde estos atributos son bien diferenciados de acuerdo a la ubicación en la escala social de las personas. El rol que cada individuo juega tanto al interior de su familia como de las organizaciones sociales, está condicionado o delimitado por su ubicación clasista. Además de dichos patrones socio-culturales es necesario mencionar la variable de la actividad económica que rige los destinos de una sociedad.

Las comunidades tribales en términos generales se rigen por una economía simple de intercambio, que suele oscilar entre un simple "trueque" o intercambio, de un producto por otro. O mercados de bienes entre pobladores de distintas comunidades vecinas, organizadas en torno a un valor monetario. En cambio, las sociedades capitalistas se basan como sabemos en una economía de mercado y están sometidas a la movilidad o la ley de la oferta y la demanda. Lo cual significa que la máxima característica de la economía de mercado, es que los bienes y servicios se compran y se venden a precios determinados por fuerzas impersonales.

Otra distinción importante entre ambas sociedades es el tipo de liderazgo que rige el poder. Las tribus están dirigidas por jefes o caciques quienes ejercen el poder político, el control económico y la actividad socio-cultural y religiosa de la comunidad. Mientras que las sociedades de clases se rigen por un gobierno central que distribuye el poder político, la actividad económica y la acción social y cultural de los pueblos a su cargo.

No todas las tribus han tenido, ni tienen hoy en día, una forma similar de gobierno, ni una actividad socio-económica igual entre sí; sino que por el contrario, cada comunidad humana ha desarrollado características de vida y de comportamiento socio-económico y político propios. Ni tampoco sus niveles de vida de desarrollo económico y social pueden equipararse. Así como tampoco en las sociedades capitalistas anteriores y las actuales los niveles de desarrollo socio-económico, son, ni han sido similares. Una característica única que se ha encontrado en las tribus aún vivientes hoy en día, es la organización política teocrática de los Hopi de Arizona, USA; donde cada Villa Hopi es autónoma, y está dirigida por un clan religioso, Se relacionan entre si y son regidos por líderes o jefes religiosos.

También debemos recordar el caso clásico de las tribus que provienen directamente de una familia. Es el de las doce (12) tribus de Israel, cuyo tronco y linaje es la familia de Abraham, antiguo líder del primer clan Judío y padre de Jacob; raíz de las doce tribus que encabezaron sus doce (12) hijos (Gen 35, 22-26). Un tipo de sociedad más avanzada que la tribu es el "chiefdom", organización unitaria que agrupa varias tribus.

En 1492, cuando Colón y sus huestes exploradoras llegan a las Antillas del Caribe se encuentran con una organización social similar al "chiefdom: llamada "cacicazgos", en la cultura Taina. Las primeras divisiones étnicas de Roma en los albores del Imperio Romano se llamaron tribus. En el 242-240 A.C se formó en la República Romana la primera Asamblea tribal, compuesta por 35 tribus urbanas y 31 tribus rurales.[12] Las tribus se organizan pues, a partir de los lazos de estructura social e ideológica que une a las familias o clanes, proveyéndoles una base étnica y cultural que los diferencia y crea entre ellos la conciencia de solidaridad e igualdad. Dicha definición parece abarcar los diversos tipos de tribus, su dispersa estructura y evolución.

Otro ejemplo de cultura teocrática, con un nivel de desarrollo socio-económico y cultural complejo, es el de la cultura del Mississippi, la cual se desarrolló en el sureste de América del Norte cerca de San Luis. Donde se estableció la ciudadela de Cahokia. En cuyo sitio arqueológico se han encontrado evidencia de la construcción de un complejo sistema de irrigación.

Su producción agrícola se basaba en la cosecha de maíz. Cahokia era gobernada por un líder religioso y se han encontrado vestigios de sacrificios humanos; así como la existencia de una élite religiosa que encabezaba el gobierno, la religión y el control social y económico del "chiefdom". Su jefe se hacía llamar el "gran sol". También existió una considerable población de cientos de habitantes alrededor de una gran plaza, centro de culto y de reunión donde se realizaban posiblemente los sacrificios a los dioses.

En la lucha por el poder político y del territorio surgió en Norte América la confederación del iroqués, basada en la tradición de un *mensajero de la paz*, que según ellos fue enviado por el creador del universo para establecer la paz entre los cinco chiefdoms o naciones. Según dicha tradición los conflictos entre los pueblos del territorio del Norte se resolvían recordando siempre el mensaje del pacificador.

---

12 Datos obtenidos de Wikipedia Org./wiki/tribe2. 11/12/2010

¿Por qué traemos a colación este rastreo histórico acerca de la sociedad tribal?

Porque los seres humanos como animales sociales manifestamos una naturaleza social que muestra un sentido de pertenencia a un grupo (etnocentrismo), necesidad de cooperación (altruismo) frente a las necesidades comunes del grupo. Defensa de los intereses, creencias y costumbres del grupo frente a los intrusos (inuit) o extraños, llámense estos individuos de otras tribus o renegados que han renunciado al grupo (selectividad racial) y un comportamiento de compromiso y unidad frente a las desafíos de la naturaleza y los conflictos inter-tribales que los lleva hasta el suicidio para proteger su identidad y sus normas sociales.

Porque en las raíces del tribalismo encontramos los instintos básicos del ser humano por defender la tolerancia y la diversidad de valores y creencias.

Porque la presencia del pluralismo se manifestó en el desarrollo de condiciones de vida comunitarios y de respeto por los valores y creencias comunes sobre los cuales se priorizan los intereses del grupo y de la sociedad, sobre los gustos y necesidades individuales.

Porque antes de que surgieran los vicios y ambiciones individuales de enriquecimiento, bienestar y propiedad privada ilimitada, ya existían en las sociedades tribales valores y postulados esenciales de organización y lucha por la supervivencia comunes, a pesar de las rivalidades y los conflictos inter-tribales.

Porque en las sociedades tribales si bien existió un cierto orden jerárquico, nunca existió la división de clases sociales, ni la estructura socio-política compleja de dirección política, de organización religiosa o educativa, pero sí una adecuada transmisión de costumbres que eran amadas y respetadas por todos.

Porque en el tribalismo encontramos los fundamentos de la democracia, del colectivismo, de la responsabilidad y organización del trabajo, bases del pluralismo ideológico.

Porque el concepto de tribalismo no es ajeno a formas de organización social que tienen que ver con el fanatismo que desarrollan los individuos en grupos etnocentristas.

Porque los valores tribales de igualdad y unidad en la sociedad moderna parecen haber sido sustituidos por la prepotencia, la intolerancia, el individualismo y la arrogancia.

Porque la preferencia del ser humano en la lucha por la supervivencia y la superación de su naturaleza imperfecta, es la cooperación, el intercambio, y el consenso por encima de cualquier forma de abuso, de opresión o dictadura.

Porque el progreso, la armonía y la paz de los pueblos sólo se consiguen con la tolerancia, con el respeto por la diversidad y el poder compartido entre todos los grupos sociales que forman una comunidad. Esta es la piedra angular del pluralismo ideológico, diálogo y debate democráticos.

Porque las características originales de la sociedad tribal de identidad, apertura, igualdad, cooperación y solidaridad, de cada uno de sus componentes entre sí, y de cada grupo para con sus vecinos, parecen ser el estado natural de la humanidad probada por dos millones de años de evolución humana; en conclusión de las antropólogos.

Porque más que jalones de civilización o más que "fósiles vivientes" las tribus aún existentes conservan intactas las huellas y las tradiciones características que hemos mencionado como señales o tendencias pluralistas.

2.2 La familia

(El núcleo familiar en la historia).

a. Definiciones

Son muchas las definiciones que el diccionario trae acerca del término "familia". Estas varían de significado de acuerdo al punto de vista desde el cual se analice o define su función.

Convivencia: según el diccionario M. Webster's[13] "en primer término la familia es un grupo de personas viviendo bajo un mismo techo y misma dependencia.

Clan: Un grupo de cosas o elementos que tiene características comunes; como pueden ser plantas, animales, objetos o personas forman una familia.

Estructura familiar: Familia es una unidad compuesta por ambos padres, o uno de ellos y sus hijos.

Relación familiar: Todo tipo de vínculo que une a la personas con sus parientes, cercanos o lejanos, presentes o ausentes, conocidos o no.

Esto significa según la Enciclopedia Wikipedia (internet) que el contexto humano, llamado familia, es un grupo de personas unidas, por consanguinidad, por afinidad (características comunes) o por residencia compartida. En todas las épocas la familia ha sido considerada como la institución fundamental de toda la sociedad, como el vehículo de socialización principal de la sociedad. Como la unidad económica que sostiene el bienestar social de sus componentes. Como el medio principal de transmisión de valores, culturas y costumbres en una sociedad. Debemos distinguir el núcleo familiar (compuesto por los padres y sus hijos) al que llamaremos "familia primaria", del conjunto familiar extendido al que llamaremos "familia extendida".

---

13 M. Webster, Dictionary (1998) 187.

El núcleo familiar primario es considerado por los cientistas sociales, como institución básica de la estructura social y como clave para socialización de las personas, lo cual significa que la familia no sólo es responsable por el bienestar y el comportamiento de la sociedad en su conjunto, pero además que ella es la base del desarrollo socio-económico, cultural y político de la estructura social. Esto es en teoría, lo que debería ser, ¿pero de hecho esto ha sucedido así a lo largo de la historia humana?

O más bien, han existido elementos extraños (ajenos) al seno de la familia primaria que han guiado su curso y sus acciones por senderos no tan nobles? Otra interrogante que asalta nuestro análisis es: Realmente en las condiciones actuales de las sociedades modernas, en el terreno de cualquier ideología (de las reinantes), ¿es posible establecer familias primarias que respondan a las expectativas de cambio y de modelo al conjunto de las familias extendidas y de la estructura social en su conjunto?

Si reconocemos la existencia de las presiones sociales que agobia a la familia primaria tales como: el desempleo, el alto costo de la vida, la homosexualidad, la legalización del aborto, el incremento del divorcio en la actualidad, la globalización de la economía, el crecimiento tecnológico y el domino de las relaciones sociales virtuales a través del internet que están suplantando las relaciones interpersonales.

¿Es posible la creación de familias primarias sanas, abiertas y ejemplares; a la luz de este marco social imperante?

¿Es la familia el eje que marca o rige el comportamiento de los individuos en la sociedad o es está quien dicta a la familia las normas y directrices a seguir?

La llamada familia tradicional en la cual los padres son modelos a seguir para sus hijos, son el soporte y timón de todos miembros de la familia primaria, no sólo ha sufrido transformaciones que van desde la pérdida de autoridad y responsabilidad de muchos padres en su familia hasta la legalización del matrimonio de parejas de un mismo sexo en algunos países. O el cambio de control de la educación de los hijos y la transmisión de valores, creencias y costumbres que antes ejercía la familia; a manos de los medios de comunicación (tv, cine, prensa, radio, últimamente el internet) y de las instituciones sociales políticas y culturales.

Históricamente.

Etnólogos, antropólogos, sociólogos, abogados y sicólogos han considerado a la familia humana como una institución y no como un hecho biológico, o una simple pareja cuyo único objetivo es la procreación o cuya única función es socializar y culturizar hijos. Más allá de la consanguineidad y de su relación biológica. La familia es una unidad natural, vinculada al medio, a sus congéneres y a la naturaleza con lazos de comunicación, continuidad, herencia, transformación y evolución o superación. Esto está demostrado en los estudios de Darwin y su teoría de la evolución de las especies y sus familias; la teoría de Morgan y sus tres etapas del progreso humano; los estudios de Marx y Engels (1884) acerca del factor económico como instrumento de cambio de la función y estructura de la familia tradicional.

Lewis H. Morgan (1818-1881) elaboró el primer sistema de terminologías de parentesco familiar según el cual las personas se interrelacionan dentro de las familias primarias y las extendidas. Según Morgan, dichas relaciones de parentesco se han establecido por sexo y generaciones, por consanguineidad y por matrimonio. Dentro de los seis patrones de parentesco familiar básicos de Morgan la sociedad occidental se rige por el patrón de parentesco Eskimo, cuya terminología se usa en sociedades basadas en familias conyugales, las cuales sufren de un alto nivel de movilidad.

Es notorio como el crecimiento económico y tecnológico dentro del sistema capitalista reduce sistemáticamente el tamaño de las familias primarias al núcleo familiar básico de padres e hijos y los aleja paulatinamente más de la esfera de influencia de la familia extendida (o sea de sus otros parientes). En cambio en sociedades que conservan rasgos patriarcales en las familias (tales como en sociedades ligadas a la agricultura, por ejemplo) remanentes de relaciones de producción feudales, las familias primarias son más numerosas y conservan vínculos estrechos con la familia extendida.

La estructura Familiar.

Los diferentes tipos de familia que existen en una sociedad dependen de su relación con el medio ambiente y de las funciones que éstas ocupan en dicha sociedad. Los sociólogos definen la estructura y el status social de las familias dependiendo de su forma de subsistencia o actividad socio-económica; en las sociedades capitalistas occidentales dicha estratificación está subdividida en familias conyugales, núcleo familiar, familias extendidas, familias de padres o madres solteras, familias formadas por personas de un mismo sexo, familias combinadas, familia adoptiva, familias casadas y familias de unión libre.

Todos estos términos se usan en las escuelas de sociología, psicología, historia, antropología, escuelas de leyes y otras disciplinas para definir los distintos tipos de familias o matrimonios en la estructura social actual de nuestra sociedad occidental. Según el Buró del Censo de los Estados Unidos, en este país, desde 1940, la tasa de matrimonios ha descendido, mientras que la tasa de divorcios se ha incrementado.[14] En cambio, el número de parejas viviendo en unión libre fuera del matrimonio ha aumentado de un 0.4% en 1960 a más de cinco millones en apenas cuatro décadas (2005).[15] Claro que es necesario aclarar que este estilo de vida de "unión libre" se ha incrementado más a causa del aumento de parejas de un mismo sexo que cada día se ha hecho más popular en la generación actual.

Los roles tradicionales de los miembros de la familia también han sufrido notable transformación. Las madres tradicionales eran responsables de la crianza y cuidado de los niños mientras que los padres debían proveer los bienes necesarios para el sostenimiento y bienestar de la familia. Desde la edad de padres jóvenes hasta los abuelos solían decidir sobre los asuntos importantes en la familia, tales como alimentación, salud, bienestar, educación, elección de parejas etc.

El número de mujeres apegadas al papel tradicional de amas de casa había descendido de 27 horas semanales de trabajo doméstico en 1965 a menos de 16 horas semanales cuarenta años más tarde (1995).[16] Aunque todavía su responsabilidad doméstica es una carga mucho más pesada que la de sus compañeros o maridos.

Según R. Gardner, el New York Times informa en una nota de 2001, que una tercera parte de las mujeres casadas en Estados Unidos gana más que sus esposos entre las familias donde ambos esposos

14 Teachman, Tedrow, Crowder, the changing Demography of Americas Family, Journal of Marriage and the family. Vol. 62 (No. 200) 1234.

15 Benokraitis N. Marriages and families (6th Ed) 2007 Pág. 271

16 Furstenberg, Jr. F.F (1988) goods dad, bad dads, Two faces of Fatherhood- American Family and public policy 193-2181.

trabajan fuera de la casa. Sin embargo, en dicha situación los esposos tienen mayor responsabilidad en los trabajos del hogar.[17] Según el censo de Estados Unidos el número de padres sin empleo y dedicados al cuidado de los niños va en aumento en este país; para 2007, más de cien mil padres casados con esposas trabajando fuera del hogar tenían a su cargo unos 189,000 niños.[18]

El fenómeno de la adopción es una de las cifras en aumento en los censos de población y familia de los países desarrollados del mundo capitalista. Aunque cada día más niños son abandonados a su suerte en todo el mundo; miles deambulan en las calles de las grandes ciudades del planeta y otros tantos son rescatados por las autoridades y los servicios sociales, quienes cuidan de éstos. Muchos de los cuales son asignados a hogares y padres temporales. Sólo unos 50,000 de estos niños fueron adoptados en 2001 en Estados Unidos y encontraron residencia permanente.[19]

Una nueva modalidad que ha dado crédito de estabilidad e institucionalidad a los hogares compuestos por parejas de personas de un mismo sexo, es la adopción y crianza de niños desamparados, un 72% de 594,000 parejas de un mismo sexo en el 2000, tenían a su cargo niños menores de 18 años de edad.[20] Para la Asociación Americana de sicología (julio 2004) en un estudio sobre el futuro de los niños (vol. 15.2, p.102) los investigadores encontraron que el desarrollo, comportamiento y bienestar de los adoptados por parejas de un mismo sexo, no difiere sustancialmente de los hijos de parejas heterosexuales. Aunque reconocen que muchos de estos niños tienen que lidiar con cierto rechazo y discriminación por parte de sus compañeros.

---

17 Gardner, R. "Alpha Women, Beta Men" (2003-11-10)
18 U.S Census Releases Nov. 12, 2007.
19 Childs Finalization Age- 2009, 07.28
20 U.S census Bureau: Married-couple and unmarried partner households 2000 (Feb 2003) Wikipedia – American Family structure, 4.

También es ya común hoy en día el fenómeno de padres y las madres solteras. Asimismo, la tasa de niños viviendo en hogares de "unión libre" o de padres que nunca se han casado (de un 4% en 1960 aumentó a un 42% en el 2001. De los cuales un 83% son niños viviendo con sus madres en Estados Unidos).[21] Actualmente los matrimonios no son más un contrato familiar para conseguir una dote; ni tampoco un arreglo para beneficio económico o político entre familias (como lo fue siglos atrás, durante la Edad Media por ejemplo). Ni una institución para procrear hijos que contribuyan con su trabajo a aumentar las arcas del presupuesto familiar. Cada día más las parejas en la sociedad actual se alejan del modelo patriarcal y se unen siguiendo los lazos emocionales del amor.

Aunque muchos sociólogos afirman que el aumento de los divorcios y la reducción del número de nacimientos (control de la natalidad) son factores que en vez de fortalecer a la institución familiar, la han debilitado. Es clásica la defensa de las religiones más extensivas tales como catolicismo, Islamismo, Judaísmo, por la procreación de familias numerosas. Muchos de los cuales han entrado en conflictos con las políticas del estado por reducir el crecimiento de la población.

M. Foucault, en su estudio sobre la sexualidad, sugiere que la familia como institución se opone a la naturaleza humana y deseos primarios del individuo, ya que su rol principal es reprimir los deseos del niño desde sus primeros años para que desarrollen una actitud de respeto y amor por las autoridades; crear adultos dóciles a la sociedad. De esta manera, según Foucault en vez de ser simplemente reprimidos, los deseos individuales son movilizados y usados para controlar a los individuos, a las masas y sus relaciones interpersonales.

---

21 Renokratis, A. Marriages and Families, 6th edition (2007) 20-21.

Según él, lo mismo hace la religión, con el control de la sexualidad de los individuos con sus prohibiciones morales, poder económico y su propaganda; controla sus deseos sexuales, dominado sus deseos, domina a los individuos. Asimismo la familia con sus mecanismos de poder ha servido de "colaboradora" de la campaña malthusiana de control de la natalidad en todas sus formas.[22] La estructura familiar difiere mucho una de otra y se distinguen entre sí de acuerdo a la cultura en la cual se desarrollan, de acuerdo a su status económico-social, y hasta conforme a su relación con la religión que profesen o a sus creencias no-religiosa.

Así una familia de cultura oriental tiene características muy distintas a la de una familia occidental, incluso en el caso hipotético de que ambas compartan una misma posición económica en la estructura social. Igualmente una familia Latino-Americana o de otro país del tercer mundo, aunque sufra los mismos rigores del subdesarrollo que una familia Africana, tiene características propias muy disimiles una de otra.

Aunque es obvio señalar que existen rasgos que son comunes a la cultura del subdesarrollo en su conjunto y que incluyen a las características de la familia tradicional tales como: El machismo (que además de la falta de respeto e igualdad en las parejas; implica abusos de las madres y de los hijos por los esposos) la violencia doméstica consecuencia del machismo, generalmente; defensa de los intereses familiares por encima de los gustos y decisiones individuales; solidaridad y unión familiar.

Apoyo incondicional a la familia y valores que cada día son más débiles en las familias de clase media y en las familias de la burguesía. En buena parte

---

22 M. Foucault, The history of Sexuality Vol. I (Cap. IV) 99.

los valores tradicionales entre los individuos de clase media y grupos dominantes son suplantados por el individualismo, el consumismo, la fantasía, el glamur, el lujo y la comodidad. Es decir, los valores humanos en una palabra son desplazados por intereses individuales y el bienestar socio-económico. Uno de los factores que más ha contribuido al proceso de cambios que ha experimentado la familia en la cultura occidental y actualmente en proceso de crecimiento en las culturas orientales, incluso en las africanas, es el movimiento feminista; al cual hay que dar crédito por sus logros en todos los aspectos relacionados con la familia.

2.3 La sociedad feudal.

Los autores de la Enciclopedia Wikipedia (vía internet) describen el Feudalismo como un conjunto de costumbres y tradiciones políticas y militares que florecieron en la Europa medieval entre los siglos IX hasta el XV; y que ampliamente fue definido como un sistema cuya organización social dependía de la tenencia de la tierra a cambio de servicios y trabajo. Dicha idea traduce fielmente la ya clásica y renombrada definición de F.L Ganshof (1944) quien describe el Feudalismo como un conjunto de obligaciones reciprocas legales y militares entre los nobles caballeros, que gira en torno a tres conceptos (segmentos sociales) claves: señores, vasallos y haciendas o propiedades feudales (fiefs).En cambio, M. Bloch (1939) incluía además de los nobles caballeros, los vínculos de manorialismo del campesinado con los señores feudales; con lo cual acuñó el término de "sociedad feudal".

¿Cómo se originó este tipo de sociedad?

¿Cómo nacieron dichas relaciones de producción en el orden económico de aquella época?

¿Y cómo surgieron dichas relaciones sociales contractuales sin existir un estatuto legal, ni algún instrumento jurídico que los pudiera sustentar, ni amparar?

Según los redactores del tratado de "Historia Universal"; "Conexiones Actuales," dicha sociedad surgió de la necesidad de protección y seguridad que tenían en aquellos tiempos los pueblos de Europa occidental. "La gente necesitaba defender sus casas, y sus tierras de las invasiones de Vikingos, Musulmanes y Magyares (húngaros). Los reyes y emperadores de Europa occidental no podían garantizar el orden y la ley en sus dominios. En respuesta a esa necesidad básica de protección surge un nuevo sistema llamado "Feudalismo."[23]

En cambio para los autores de Wikipedia, el Feudalismo nace como resultado de la descentralización de un imperio. Como sucedió con el Imperio Carolingio (en Europa) y el imperio Japonés, donde en ambos casos dichos imperios carecían de una infraestructura burocrática necesaria para mantener la caballería; ni la habilidad de asignar tierras a sus tropas montadas. Dichos soldados comenzaron por asegurarse un sistema de régimen hereditario sobre las tierras asignadas y su poder sobre dichos territorios vino a acompañar las esferas social, política, económica y jurídica igualmente.

Estos poderes adquiridos por los caballeros redujo poco a poco la influencia del poder central de estos imperios en sus territorios dando paso a una nueva organización social y política que más tarde sería bautizada con el nombre de Feudalismo, que aunque comenzó siendo un término peyorativo usado por Montesquieu(1748) y los escritores franceses de la Ilustración, para quienes el "Feudalismo" significó prerrogativas y privilegios señoriales concedidos a la

---

23 P. Hall, Historia Universal. O.C. Cap. 8 P. 191

nobleza por la monarquía Francesa. Según decreto de la asamblea constituyente de la revolución francesa el "régimen Feudal" quedó abolido en Agosto de 1789.

W. Stubbs sitúa "los orígenes del Feudalismo Europeo en Inglaterra a principios del S. VIII., durante el reinado franquista, con la concesión de tierras por un lado y el establecimiento de vínculos personales entre vasallos y señores feudales; pero no fue sino hasta mediados del siglo octavo cuando el derecho de tenencia de tierras concedidas por el Rey fue generalmente vinculado al servicio de vasallaje. Los Reyes franquistas comenzaron manteniendo la propiedad de las tierras previamente asignadas a sus nobles y seguidores; concediéndoles a estos únicamente el beneficio de amplios derechos sobre ellas para su uso y explotación. La corona distribuyó no solo sus tierras, sino que expropió y distribuyó tierras antes propiedad de la Iglesia; al mismo tiempo asignó funciones públicas a los miembros de la nobleza o vasallos reales. Los señores o hacendados menores empezaron por seguir el ejemplo del Rey."[24]

El Feudalismo Franquista invadió rápidamente toda Europa. Su desarrollo y expansión más importante ocurrió en el siglo IX de nuestra era. Se fortaleció con las transformación del beneficio de las haciendas a nobles, vasallos y grandes hacendados, en beneficios o derecho de explotación y posesión de las tierras como un beneficio hereditario. Este Nuevo sistema socio-económico regiría la vida y la historia de los pueblos Europeos a lo largo de la Edad Media por alrededor de tres siglos. Ya que los poderes reales y la influencia de la corona empezaron a perder prestigio y dominio sobre sus estados con el surgimiento de las dinastías locales que empezaron a construir nuevos estados en sus territorios dotándoles de cuerpos armados ,aparato político y judicial; con nuevas leyes y un nuevo sistema de defensa y protección.

---

24 Stubbs, W. Feudalismo: Su Nacimiento Franquista Y desarrollo Ingles, (primera parte) Wikipedía, Pág. 1

La sociedad feudal estaba compuesta por una pirámide social en la cúspide de la cual estaba la Monarquía, a quien los grandes Señores Feudales juraban lealtad y sumisión a cambio de las tierras, instalaciones y servidumbre asignadas. Dicho compromiso de lealtad y sumisión implicaba además el suministro de servicios en especies o dinero; y el suministro de caballeros armados para la guerra, para la protección de la corona, su familia y sus dominios.

Estos contratos de arrendamiento eran seguidos bajos estrictos controles. El Rey tenía en sus manos el poder de decidir quienes debían ser favorecidos con el privilegio de dichos arrendamientos y quienes eran confiables o no.

Lo señores Feudales más favorecidos y favoritos del Rey eran los llamados "Barones". Sus más cercanos y poderosos colaboradores. Por algo eran los más ricos e influyentes personajes de la sociedad. Los barones tenían asignada toda una región o estado (manor) sobre la cual tenían libertad para establecer su propio sistema de justicia, sus propios impuestos y hasta acuñar sus propias monedas. A cambio de las tierras asignadas a su servicio por la corona los barones tenían que participar en el consejo real, pagar renta por las tierras y ofrecer servicios militares al rey cuando este los necesitaba o exigía. Tenían que proveer de hospedaje y comida al rey y su corte durante sus recorridos por el reino.

Los barones podían disponer de las tierras y sus bienes a su antojo y el resto lo dividían entre sus caballeros, quienes recibían a su vez haciendas y bienes equipados además con personal de labor (campesinos y servidumbre) a cambio de su servicio militar, según les fuera demandado por el rey o su señor. Estos a su vez, mantenían para su provecho una parte de las tierras asignadas por sus señores (Barones) y dividían las demás entre sus servidores, los campesinos y villanos.

Aunque no tenían los privilegios y las riquezas de los barones, los caballeros eran respetados y protegidos por la corona. Ellos constituían lo que Gansdhof llama la aristocracia guerrera de la sociedad Feudal. Para M. Bloch (1940) el historiador más influyente para el estudio de la época medieval, el Feudalismo fue un tipo de sociedad cuya visión sociológica no se limita a la nobleza. Al igual que Ganshof reconoce que no sólo existía una relación directa entre nobles y vasallos; sino que también había una relación similar entre nobles y campesinos. A cambio de su protección. Ambos son una forma de relación feudal. Todos los aspectos de la sociedad feudal giraban en torno a la "señoría": la estructura eclesial, la corte feudal, la literatura y la economía feudal."[25] Cuando los grandes señores o barones asignaban una propiedad o feudo (fief) a uno de sus vasallos esta incluía un número indeterminado de siervos o campesinos no independientes que debían jurar relatad y sumisión a sus protectores.

Pero el mayor aporte al estudio de la sociedad Feudal, realizada por Bloch, es su teoría y/o observación de que los campesinos formaban parte de una relación feudal. Mientras los vasallos debían prestar servicio militar a cambio del usufructo de las tierras; los campesinos aportaban su mano de obra. La propiedad asignada a uno de estos señores hacendados (Lesser-Lord) o Vasallos, se suponía que debía ser suficiente para sostener al vasallo, a su familia, y a los caballeros asignados por el gran señor (Lord) a dicha hacienda. El tamaño de dichas propiedades dependía de los beneficios o ingresos que las mismas podían generar. Se calculaba que una propiedad para asegurar dicho sostenimiento debía contar con un número promedio que oscilaba entre 15 a 30 familias campesinas para sostener la hacienda de los

---

25 Apuntes sobre Feudalismo. Wikipedia. Org: Feudalismo 2/17/2011 p. 5 de 7

caballeros asignados a dicha propiedad. El perímetro de dichas propiedades podía abarcar desde una provincia completa; varios acres de terreno e incluso hasta estados completos.

Además de las tierras, dichas propiedades o Feudos (Fiefs) incluían cargos, oficinas, instalaciones y rentas generadas por los vasallos y campesinos. Claro que estamos hablando de los grandes feudos concedidos a los grandes señores o barones. Algunos vasallos no tenían tierras asignadas y vivían en las cortes de sus señores con su familia como caballeros. Los barones recibían propiedades asignadas por la corona, eran su más cercanos colaboradores y formaban la élite más importante de la sociedad Feudal, según Stubbs.[26]

Realeza
El Rey   Corte Real
Monarquía

Barones (Lords)   Aristocracia
Caballeros   Vasallos (Less Lords)

Nobleza

Caballeros

Villanos, Siervos y Campesinos

El sistema Feudal
El feudalismo fue un sistema de gobierno fracasado que estaba organizado en torno al poder de los barones o grandes señores, quienes recibían de la corona grandes territorios, los cuales dividían entre medianos productores, (lesser lord) o vasallos, quienes les juraban lealtad y pago en servicios a cambio de protección y representación; debajo de los cuales estaban los campesinos y siervos del reino. Todos eran protegidos por los caballeros quienes juraban Lealtad y protección a todos los segmentos de la sociedad Feudal.

26 Stubbs, W. O.C pág. 2 de 3

Una nota importante que nos trae Stubbs, es que existieron mujeres vasallas. Esto significa que las propiedades les eran asignadas a ellas; pero sus esposos debían cumplir con los compromisos de servicio militar y vasallaje por sus esposas. Bajo el contrato feudal, el gran señor debía proveer una hacienda a sus vasallos, debía protegerlo y hacerle justicia o representarlo en corte. A cambio, el gran señor (Lord) podía exigir los servicios (militar, judicial y administrativo) de sus vasallos. Así como el cobro de ingresos de la propiedad; fuera este en dinero, bienes o productos obtenidos de la misma.

Además podía cobrar impuestos sobre propiedades transferidas en herencia o abandonadas por sus vasallos. A veces acordaban cobrar impuestos a cambio de servicios militares no cumplidos. Sistemas de compromisos arbitrarios que gradualmente fueron reemplazados por un sistema de cuotas fijas restringidas por costumbre. Los vasallos prestaban juramento de lealtad a sus señores. La violación de este juramento o compromiso era una falta u ofensa, considerada como un crimen. En Inglaterra se los llamó "felonía" y era considerada como una falta de lealtad cometida contra el Rey, considerado guardián y protector de la paz y el orden público.

Los derechos de los vasallos sobre su propiedad se afianzaron y ensancharon con los años y se convirtieron en hereditarios, lo cual contribuyó a mantener lo que luego se llamó derecho de sucesión como base para mantener las propiedades indivisibles, y en manos de los hijos primogénitos. La presión de los hijos menores trajo luego una modificación de dicha costumbre, con leyes que les asignaban una parte de la propiedad en compensación. Si un vasallo moría o cometía felonía su propiedad retornaba a su señor.

Cada vasallo debía pagar con 40 días de servicio militar, judicial o administrativo a su señor, cada año. Con impuestos sobre el uso de la propiedad; y cuidar y proteger las tierras asignadas a sus siervos y campesinos. Estos por su parte, (campesinos y siervos) no podían abandonar sus tierras, ni mudarse de un lado para otro sin permiso y/o consentimiento de sus amos o señores. Debían trabajar un número de días acordados con sus señores en sus propiedades.

Tenían que construir y reparar sus puentes, vallas y caminos. Tenían que pagar cuotas en dinero, o en especies por el uso de sus graneros; para recibir un traspaso de propiedad heredada de sus padres, para casarse, por el uso de puentes y caminos, hasta por la celebración en sus caseríos o comunidades, de festividades importantes, tales como: la navidad, pascua de resurrección y otras. Lo usual era que estos pagos se hicieran en productos, tales como: frutas, granos, miel, huevos, aves y otros. A cambio de sus servicios y obligaciones recibían algunos acres de terreno para sembrar y cosechar. Según los autores de: Historia Universal, conexiones hasta hoy, "en teoría los campesinos, al menos tenían garantía de comida, casa y tierras para sembrar y cosechar en la sociedad feudal."[27]

---

27 Historia Universal, O.C 192

El poderío económico y militar acumulado con los años por los señores feudales, pronto trajo la lucha interna entre ellos. La vida de muchos de ellos se convirtió en una lucha constante por mantener el poder. Sus espaldas eran protegidas, junto con sus dominios e intereses, por los caballeros. Estos eran entrenados y comprometidos a defender tanto a la corona como a sus señores y protectores; se les reclutaba desde los siete años de edad; Se les recluía en los castillos de sus señores, donde aprendían el arte de la caballería, el uso de las armas y la disciplina militar que los preparaba para la guerra y para ser los guardianes del orden en los dominios de sus señores y a lo ancho de todo el reino.

Cuando cumplían los 21 años de edad, eran nombrados "caballeros" y se les prestaba juramento de servicio, lealtad, y sumisión a sus señores. La caballería durante el feudalismo se convirtió no solo en los cuerpos armados de defensa y seguridad de los estados, provincias, villas y feudos; sino que llegó a ser también, una ocupación o profesión que era celebrada y exaltada con torneos de competencia, premios, reconocimientos y ceremonias rituales que exaltaban el valor y el coraje de la cultura caballeresca.

Basta con recordar la caricatura del sueño imposible del caballero andante, sediento de justicia y felicidad, que inmortalizó Miguel de Cervantes Saavedra, con su obra "Don Quijote de la mancha". Para su defensa y seguridad los señores feudales construían fuertes fortificaciones de piedra llamadas "castillos", cuyos alrededores estaban protegidos por murallas. Sus entradas eran protegidas por puentes levadizos.

Sus murallas eran vigiladas desde sus garitas por guardias permanentes que los prevenían de ataques y/o asaltos enemigos. Dichas construcciones generalmente no estaban ubicadas al azar, sino que al contrario, eran levantadas en lugares estratégicos, tales como: colinas, montañas, cruces de ríos, puertos etc. El código de nobleza adoptado por la caballería trajo un nuevo estilo de comportamiento en el seno de la familia y de la sociedad hacia los hijos y la mujer; así como un nuevo enfoque de la relación de pareja. Esta nueva cultura elevó la imagen que tenía el hombre de la mujer y elevó su rol de madre y esposa en la sociedad feudal.

Según W. Stubbs el feudalismo no tuvo un desarrollo uniforme en toda Europa; por el contrario se desarrolló con distintas manifestaciones, diferentes estructuras clasistas y disimiles sistemas jurídicos y políticos en cada región. Así por ej.; Alemania en la era de Tácito estaba dividida en tribus independientes, diferentes en población e importancia. Con un país ocupado gran parte por montañas y pantanos, los valles y tierras arables eran escasas; por lo cual, dichas tierras eran asignadas cada dos años a distintos arrendatarios.

Tenían Reyes elegidos por diferentes familias; además, tenían jefes y capitanes, ambos se encargaban de los asuntos de guerra y de administrar justicia; pero el poder de cada uno era muy limitado; y las decisiones importantes estaban en manos de los capitanes, elegidos por voto popular dentro de la asamblea de los miembros de la tribu. Los hombres principales de las tribus alemanas eran elegidos entre aquellos que merecían recompensa por su destreza y su valor.

Eran apoyados por una legión de jóvenes valientes y ambiciosos, orgullo de sus familias y protectores de sus haciendas. Dichas tribus estaban compuestas de agricultores y ganaderos, no tenían ciudades ni cultura escritas. Sus leyes se regían por la tradición y las costumbres. Sus nobles guerreros juraban lealtad y obediencia a sus Reyes a cambio de armamentos y botín. Estas tribus alemanas invadieron y conquistaron el oeste de Europa entre los años 400 al 700 D.C. estableciendo en sus territorios pequeños reinos.

El más próspero y famoso de todos ellos fue, el de los Franquistas (Franks). En el 481 D.C, Clovis fue elegido Rey de los franquistas, quienes conquistaron la provincia Romana de Gaul. Aunque reinó según las leyes y costumbres Franquistas, Clovis, al mismo tiempo respetó el legado Romano de sus conquistados y años más tarde, con su conversión al cristianismo conquistó como aliado de su poderío a la iglesia Católica. Nuevos matices y dirección tomaría la sociedad feudal con la influencia de los musulmanes y la presencia del Islamismo en los reinos cristianos del Norte de África y España. Los musulmanes crearon rutas comerciales a través del mediterráneo, dando paso a nuevas tradiciones y costumbres. Aunque fueran derrotados en la batalla de Tours en el 732 D.C por Carlos Martel, mantuvieron su domino sobre gran parte del territorio Español, pero con el acenso al trono franquista del nieto de Martel, Carlomagno (Carlos el Grande), los musulmanes serían expatriados de España. Este fue coronado como emperador por el Papa León III en el 800 D.C, en gratitud por aplastar la rebelión de los nobles en Roma.

Al igual que otros reyes alemanes, Carlomagno nombró nobles para gobernar las regiones, les asignó tierras a cambio de su compromiso de suministrarles soldados para sus ejércitos; los llamó gobernadores provinciales y les instruía para que hicieran justicia. Carlomagno trató de cristianizar a todo Europa y al mismo tiempo creó un modelo educativo basado en el estudio del latín y de las ciencias entonces conocidas, pero con su muerte su legado y sus aportes mermaron al fraccionarse su imperio, dividido en tres regiones, en el 843 D.C con el tratado de Verdun; lo cual produjo nuevas invasiones de musulmanes, magyares y vikingos.

Esto produjo saqueos, destrucción y permanentes enfrentamientos entre residentes y pueblos nómadas que atacaron entre los siglos VIII y IX incendiando y saqueando ciudades, villas y pueblos a lo largo de las costas y ríos principales de Europa, desde Irlanda hasta Rusia. Estos hechos crearon la base para la consolidación del feudalismo como orden social y económico. En conclusión, podemos afirmar que este sistema socio-económico surgió como respuesta a una necesidad de protección y seguridad de la sociedad medieval; como una búsqueda de solución a la crisis social que emergió con la dispersión y vacío de poder creado con la caída y división del imperio de Carlomagno.

Nuevos cambios vendrían a partir del S.X sobre la sociedad medieval que irían creando los cimientos de un nuevo sistema socio-económico. El crecimiento de la población en Europa; así como la introducción de nuevas renglones de producción agrícola, la expansión del comercio y el establecimiento de nuevas rutas mercantiles entre Asia y Europa, introducción de nuevos inventos tecnológicos en la producción agrícola, incorporación de las mujeres a renglones económicos como las talleres de textilería y el surgimiento de una clase media formada por comerciantes, artistas, artesanos y otros.

El viejo orden social de nobles, clérigos y campesinos cambió, creando nuevas relaciones sociales; así como nuevas relaciones de producción. Además Europa entró en contacto con civilizaciones más avanzadas que las suyas, lo cual traería grandes transformaciones sociales, políticas y económicas a la región. Las raíces del feudalismo se remontan a condiciones sociales de vida rudimentaria. A una organización social desorganizada y dispersa. A una estructura social jerárquica, construida sobre la base de prebendas y privilegios clasistas, a favor de una élite, en detrimento y a costa de la miseria, la explotación, el miedo y la ignorancia de la mayoría de la población.

A lo largo de toda la edad media y sobre todo durante los siglos de florecimiento del feudalismo, primó la intolerancia, la desigualdad y el absolutismo en la sociedad feudal. La apertura democrática, la defensa de la libertad civil y las ideas de pluralismo político y religioso tendrían que esperar hasta los años de la reforma y el renacimiento en el campo de la religión y de las ciencias; hasta la revolución francesa en el ámbito político y económico. Los precursores de dichos procesos de cambio, tales como: Galileo, Copérnico, Lutero, Calvino y sobre todos los campesinos rebeldes que se levantaron en 1524 en Alemania, (masacrados, perseguidos y desamparados por exigir cambios políticos, económicos, y religiosos); tuvieron que pagar caro el precio de sus ideas y decisiones.

Es obvio, señalar, que las expediciones Europeas, sobre África, Asia, y América, iniciadas en las postrimerías de la edad media (S.S XV y XVI) trajeron a los territorios conquistados en estas regiones, los remanentes del sistema feudal. Muchos de los cuales permanecen en los llamados países del tercer mundo, hoy en día. El feudalismo engendró las condiciones socio-económicos, políticas y culturales necesarias para el surgimiento del capitalismo, sistema socioeconómico y político que se fortaleció y consolidó con la aparición de la revolución industrial.

Hay dos casos de sociedades feudales atípicas que muchos autores llaman "semi-feudalismo: estos son el feudalismo chino y el japonés. El feudalismo chino se inició en el 1027 A.C con el ascenso al poder de la dinastía de los Zhou. Según la creencia china el poder de sus gobernantes venía del cielo. Cuando un gobernante o su familia actuaban mal, los dioses traspasaban su apoyo a otra familia. Para conseguir el control de todas las regiones del reino, los Zhou desarrollaron un sistema feudal de gobierno por alrededor de 250 años.

Los señores feudales chinos gobernaban sobre sus dominios, pero tenían que prestar servicios militares al rey. Sacaban provecho del trabajo de los campesinos que trabajaban sus tierras. Se beneficiaron de las nuevas técnicas de producción, canales de irrigación, de la expansión económica y comercial que china alcanzó alrededor del 500 A.C. con la invención de los utensilios de hierro que revolucionó la agricultura china. Este proceso de producción feudal trajo prosperidad y crecimiento en áreas vitales de desarrollo, tales como, el trabajo artesanal (incorporando a la mujer a la producción); la escritura de libros, exportación de telas, avances en artes y tecnología. Todo esto convirtió a China en poder cultural y comercial dominante en todo el este de Asia.

A pesar de ello, la dinastía Zhou era muy frágil y no pudo conseguir el control total del reino, lo que llevó a los señores feudales a batirse en batallas sucesivas entre unos y otros. Por su parte, en Japón se desarrolló a partir de los años 1000 una sociedad feudal en la cual un tipo de aristocracia similar a la de Europa acaparaba el control del poder. Dicha aristocracia militar estaba presidida por un jefe o shogun. El más famoso y renombrado de estos fue, Yoritomo Minamoto, nombrado Shogun en 1192, quien fundó la dinastía Kamakura. El shogun tenía control de toda una región, distribuía tierras a los vasallos, quienes les daban servicio militar a cambio de de las tierras y privilegios concedidos; dichos vasallos eran guerreros llamados "samurái". Al igual que los caballeros europeos, los samurái eran entrenados para el uso de las armas, y el arte de la guerra. Tenían su propio código de honor y lealtad a sus señores.

El samurái que violaba dicho código era obligado a cometer suicidio. Al igual que los europeos, las esposas de los samurái debían cumplir con los compromisos contraídos por los esposos y debían lealtad y

servicio a sus señores igualmente. La dinastía Toku-
gaw a partir de los años 1600 creó una sociedad feudal centralizada. Exigían a los grandes señores vivir
en la capital de los shogun, llamada Edo (Tokyo). Estos señores o "daimyo" tenían que permanecer en la
ciudad todo el tiempo, tenían que pagar impuestos al
shogun, debían pedirle permiso para casarse o para
reparar sus castillos. Solo a los samurái se les per-
mitía disfrutar del privilegio de servir en actividades
militares o en los puestos de trabajos del gobierno.

Los campesinos debían permanecer en sus pre-
dios y se les prohibía vestir ropa lujosa (tal como la
seda). Las mujeres estaban relegadas por ley a labo-
res del hogar. El feudalismo controló la economía y la
cultura Japonesa por siglos. Aunque floreció el teatro
y la literatura durante el feudalismo, no fue hasta los
años 1500 cuando Japón comenzó a ser impactado
por otras culturas, tales como la China y la europea.

2.4 El estado nación:
constitución y gobierno.

La consolidación de la idea del estado como una
entidad colectiva que armoniza los intereses, las necesidades y expectativas de todos los miembros de
una sociedad que comparten un mismo territorio,
es la primera piedra para la construcción de una
sociedad pluralista; y es la prueba irrefutable de la
naturaleza pluralista del ser humano. La aparición
del estado como estructura orgánica, jurídica y administrativa surgió como respuesta a la necesidad de
compartir las aspiraciones y demandas de todos los
grupos sociales, etnias, organizaciones y/o comunidades, de unos con otros.

¿Pero cómo, cuándo y dónde surge el estado?

¿Cuáles fueron sus objetivos y directrices?

¿Cuál ha sido su papel y su desarrollo en la sociedad?

¿Cuáles han sido las ideas y opiniones que lo sustentan o lo critican?

¿Cuál es el destino del estado en la sociedad actual?

Las primeras formas de gobierno organizado, o de la centralización del poder político, social y económico surgen en sociedades que desarrollaron la agricultura y la escritura, de acuerdo a apuntes de la enciclopedia Wikipedia (Internet 4/22/2011).[28] La centralización del poder fue posible gracias a la centralización de la información y la creación de sociedades estratificadas(formadas por grupos que se dedican a trabajos especializados), y la organización de un aparato administrativo, dirigido por una clase acaudalada que servía a un monarca y que se apoyaba en los servicios prestados por las clases trabajadoras.,

En las antiguas civilizaciones, tales como: la Mesopotamia, la Egipcia, la Persa, la Maya, la Azteca, La Griega y la Romana, se desarrollaron sociedades complejas que se caracterizaron por la concentración de poblaciones en centros urbanos; una estratificación social de la población; una división social del trabajo; el desarrollo de clases gobernantes; la conversión de la riqueza en capital; desigual distribución de los bienes, riquezas y servicios; comunidades basadas en lazos de residencia en vez de relaciones de parentesco.

El desarrollo de arquitectura monumental; formas de arte y cultura estandarizadas; desarrollo de las ciencias, matemáticas, y la literatura; la redacción de leyes y códigos judiciales y la formación de ejércitos y sistema de seguridad y defensa. Las pri-

---

28 Wikipedia-State polity http:llen.wikipedia.org/wiki/state(polity) p.7 de 15

meras formas de gobierno organizado más que estados políticos propiamente dichos, fueron sociedades organizadas que se fundamentaban y organizaban en torno al culto a sus dioses, a creencias religiosas y el respeto a autoridades autocráticas.

El estado nación nació en Grecia. Los filósofos griegos fueron los primeros en formular una teoría del estado y en racionalizar y/o analizar las instituciones políticas. La versión de Wikipedia sobre el estado, nos dice: "aunque existieron formas primitivas de estado antes del surgimiento del antiguo imperio griego, fueron los griegos el premier pueblo conocido en formular explícitamente una filosofía política del estado y en tener racionalmente analizadas las instituciones políticas."[29]

Pero a pesar de las innovaciones introducidas en la administración del estado; la concesión y/o declaración de derecho de ciudadanía concedida a algunos segmentos de población, tanto en Griega como en la antigua Roma; a pesar del prestigio que ambas civilizaciones alcanzaron con las primeras prácticas de gobierno democrático; Y a pesar de la declaración de derechos ciudadanos concedidos a sus territorios; mantuvieron la esclavitud como derecho político sobre los territorios y pueblos conquistados y establecieron una cultura de saqueos y expropiación de bienes y recursos que traerían la clásica división de clases en la estructura social de los nuevos estados y naciones.

---

29 Wikipedia O.C 8 de 15 "Las civilizaciones mencionadas se desarrollaron en el mundo pre-industrial y fueron descubiertas por los occidentales los siglos XIX y XX principalmente. Estamos hablando de civilizaciones como la Sumeria, Eqipcia, Olmeca, Maya, Azteca, Moche, Chimú, y la Inca, que se desarrollaron muchos siglos antes de Cristo. La civilización sumeria y la egipcia surgieron unos 3250 años A.C. Las civilizaciones con sociedades con formas de estado organizado, en el mar Egeo, Grecia e India, emergieron entre 2500 al 2000 A.C. En China y Asia se conocen civilizaciones con formas de estado organizado, alrededor del 2,000 A.C. En México y los Andes se desarrollaron sociedades similares desde los años 1500 A.C."
Fuente: Naturaleza de los estados; Introducción a un curso de Antropología de B. Fagan p. 1 de 3 (vía Internet 11/12/2010).
R/: Flamery, Kent V. (1972) Evolución cultural de las civilizaciones.
Adams R. (1966)- Evolución de la sociedad Urbana.

Estas mismas prácticas políticas de estado de ambos imperios traían en sus entrañas el germen de su propia destrucción y posterior desaparición. No sin dejar sus huellas de práctica política que sería imitada una y otra vez, en los siglos subsiguientes a través del establecimiento del sistema político, socio-económico y cultural, conocido hoy como el colonialismo. La estructura actual del estado se organiza propiamente durante la edad media con el surgimiento del feudalismo. Dicha estructura orgánica consiste en la instauración de un sistema de impuestos o cuotas de dinero que la población paga a las arcas del gobierno para su sostenimiento (como aparato administrativo) a cambio de servicios, obras públicas, seguridad y defensa, en beneficio de la población.

Esta estructura básica de sostenimiento del estado (conocida en el mundo anglosajón, hoy en día como "standestaat") se estableció inicialmente en Europa con el desarrollo de la sociedad feudal. Este sistema fiscal de sostenimiento estatal nace en medio de un proceso de lucha política entre la monarquía y los demás segmentos de la sociedad feudal representados en el parlamento o estado de los estados. En el cual los señores feudales y la nobleza sobre todo, negociaban con el Rey acerca del pago de impuestos, las medidas económicas (conocidas hoy en día como presupuestos) y la formulación de leyes.

El feudalismo propició la centralización del poder político, social y económico en manos de la Monarquía y la nobleza, apoyado en el poder militar de una caballería incondicional que les brindaba lealtad y protección, convirtiendo a los estados en centro del poder político, socio-económico y militar, y gestando el surgimiento de estados absolutistas. Estado no es sinónimo de nación. Sin embargo la idea de fortalecimiento del estado ha sido utilizada a través de símbolos e ideologías nacionalistas que no han contribuido a crear un clima de convivencia civilizada, ni una atmósfera de tolerancia, respeto mutuo y cooperación entre comunidades, grupos étnicos, religiosos y políticos con diferentes ideas, costumbres e intereses.

Es decir, ha servido el estado en nuestra historia moderna de enclave e instrumento de protección, beneficio y seguridad para todos sus convivientes y segmentos sociales que lo componen y/o sustentan; o más bien, en vez de ser una asociación que iguala y protege a todos en la sociedad, los separa y manipula para beneficio y usufructo de unos pocos privilegiados?

Nos dice Chandran Kukathas que el estado no debe ser visto como una asociación que subordina a un grupo de ciudadanos por debajo de otros. Ni como una entidad cuyos intereses se proyectan estrechamente sobre los intereses de grupos e individuos bajo su autoridad.[30] Luego pasa a definir el estado como un poder ajeno. En cierto sentido tiene razón, el estado en su concepción no es propiedad de nadie. Sin embargo siempre estará bajo control de alguien o de un grupo o partido político en particular.

Kukathas sin embargo, se contradice luego cuando afirma que "el estado no está para asegurar los intereses más sentidos de la gente; no sirve para unificarlos, reconciliarlos entre sí, ni para armonizar sus intereses, ni para realizar bienes importantes tales como la justicia, la libertad o la paz. El poder debe ser utilizado de vez en cuando, para servir los intereses de algunos, no los intereses de todos. El estado es una institución a través del cual los grupos e individuos buscan ejercer el poder; y es también una institución que ejerce poder sobre los grupos e individuos. El estado es una abstracción. Es decir,

---

30 C. Kutathas, Una definición del estado, conferencia ofrecida 29-3-2008 Universidad de Wisconsin p.1

no es un objeto con existencia material, ni domicilio particular; ni una entidad personificada en algún individuo ni una colección de personas".[31]

Kukathas define el estado como "una comunidad política". Como el afirma; sin embargo "no todas la comunidades políticas forman un estado", lógico porque los partidos políticos; las entidades internacionales por ej., y otras, no son estados. Agrega también que el estado es una forma de "asociación política o una entidad corporativa". Lo cual le obliga a asumir una estructura de gobierno y de autoridad, como una forma de relación que existe entre sus agentes.

Es importante enfatizar que el tipo de comunidad política o la naturaleza de cada estado depende de los constituciones que cada uno de ellos haya adoptado; del ámbito geográfico que lo formen; de los elementos étnicos que los componen; del desarrollo socio-económico político y cultural de los grupos y/o comunidades de la sociedad en cuestión; e incluso de la ideología que lo sustenta y de los ideas filosóficas, religiosas y culturales que profesen sus agentes y/o grupos involucrados.

El estado surgió como una entidad política, cuya existencia ya no ataba a las personas a los intereses y voluntad de personas particulares, tales como: jefes, señores, Reyes, o a grupos familiares tales como, clanes, tribus o dinastías. El estado nace como una entidad más estable.[32] Desde su aparición en el escenario político, surgieron las teorías más diversas que trataron de establecer los estándares morales que deben regir a sus representantes; la conducta y/o actitud ciudadana frente a las leyes; qué relación tienen los ciudadanos con el estado y qué tipo de autoridad ejerce este sobre ellos.

---

31 C. Kutathas O.C p.2 de 16
32 C. Kutathas O.C p. 10 de 16

Nos dice también Kukathas que para entender el porqué del nacimiento del estado a partir del siglo XIII hasta el XIX en Europa, tenemos que tomar en cuenta varios hechos, como son: el descenso del poder de la Iglesia frente a los reinos y principados y sus nuevas estructuras de poder. La transformación y eventual desaparición del sagrado imperio Romano. Desaparición de villas y ciudades estados. La aparición de movimientos de unificación nacional. Así como la extensión de asociaciones nacionalistas.[33]

Varias y encontradas fueron las teorías que surgieron que tratan de explicar los cambios políticos y socio-económicos que se produjeron durante los siglos mencionados en Europa y el resto del planeta, con relación al estado y su incursión en la arena de la historia moderna. Entre los nombres más sobresalientes de esta larga lista de cientistas sociales de dicho periodo histórico sobresalen: Espinoza, Locke, Hume, Rousseau, Kant, Hegel y Marx. Teóricos como Max Weber, los pluralistas ingleses y ciertos teóricos americanos democráticos entre los cuales se destaca M. Oakeshott, quienes tratan de justificar la existencia del estado y de explicar su naturaleza. Para Kukathas, quien nos ofrece la mejor teoría del estado hasta hoy es Hume.

Para algunos pensadores entre los cuales se destacan Badin y Hobbes, el estado se creó con el interés de ofrecer orden, paz y estabilidad. Ambos defienden la presencia de un estado absolutista que pueda imponer su autoridad. Kukathas cuestiona esta teoría, diciendo que a veces el estado puede actuar en forma destructora del orden; puede crear practicas autodestructoras y que el orden ha existido sin la presencia del estado. Ni tampoco parece que el interés único y primario del estado sea preservar el orden. Otros piensan que el estado puede garantizar la libertad, derecho inherente a todos seres humanos (Rosseau

---

33 C. Kutathas O.C Ídem

74

y Kant). El estado sirve a nuestro interés de libertad haciendo justicia. Kant cree que la libertad puede ser regulada por la justicia; y esta supone la existencia de un estado como garantía de su práctica.

Para Rousseau todos nacemos libres, y debemos vivir en un estado de libertad que solo sea regulado por leyes creadas por nosotros mismos; no tenemos que vivir sometidos a leyes decretadas por otros. A esos otros que se refiere, serían la nobleza y la monarquía? Kukathas dice "El estado sirve nuestro interés de libertad, sólo alimentando en nosotros la ilusión de que somos libres cuando en realidad estamos subordinados a otros".[34]

Para Hegel el más profundo de los intereses humanos, es el de la libertad, pero esta no podía alcanzarse plenamente, sino en una vida ética, en la cual se concilien y mediaticen los intereses particulares y los conflictos de intereses. La única institución que puede conseguir dicho objetivo es el estado. En dicha institución, por primera vez los hombres pueden relacionarse unos con otros como individuos y la libertad puede ser plenamente realizada. Esto es posible porque el estado brinda a la gente algo que la sociedad evadía antes de la creación del estado: una forma de vida ética en la cual las personas pueden sentirse como en casa en el mundo.[35]

Marx cuestionó la opinión de Hegel sobre el estado como defensor del interés universal de las personas, afirmando que el estado no es más que una máscara, detrás de la cual se esconden los conflictos de las clases sociales. La existencia misma del estado, es una muestra de la división de clases en la sociedad. El estado no es más que un instrumento de explotación al servicio de una clase; para la explotación del proletariado. La libertad de los oprimidos sólo puede realizarse cuando el estado esté en ma-

---

34. Ibídem 12 de 16
35 Idem

nos de los trabajadores. Para Marx la transformación social requiere la conquista del aparato estatal por la clase trabajadora. Dicha transformación se dará cuando las condiciones sociales hagan inevitable dicha transformación, a causa de la miseria, la división social del trabajo y la lucha de clases que genera el capitalismo.

Para Kukathas el punto más convincente del análisis marxista, es aquel en el cual Marx define al estado como una institución que personifica el conflicto de intereses encontrados en el mundo, en vez de armonizar los conflictos de intereses.[36] Aunque pone en duda que los intereses particulares puedan ser erradicados, como espera Marx. Agrega que Marx omite el sentido de que el estado tiene sus intereses propios y también olvida el hecho de que el estado es el espacio en el cual diversos tipos de intereses compiten para asegurase su propio beneficio.

Para Hume, el estado es una entidad que nace como consecuencia de tres factores:

Como demanda lógica de la condición humana.

Como naturaleza estratégica de las relaciones individuales.

Como un accidente histórico de la naturaleza que empujó dicho proceso de una forma u otra.

En su teoría el estado es un producto del cambio social; como fruto de la evolución humana, en sentido Darwiniano. El estado no puede ocurrir por nada más profundo que el interés moral que tienen los humanos por la justicia, la libertad, o la reconciliación con los demás. La teoría de Hume sugiere que la sociedad necesita ser conducida por un balance entre libertad y autoridad. Pero ambas necesitan ser conducidas por un punto de equilibrio, el cual se produce con la creación del estado.

---

36 Ibidem 13 de 16

La teoría de Hume refleja la tendencia más pluralista conocida hasta la fecha. M. Oakeshott, dice que el estado moderno en la sociedad Europea, se mueve en dos tendencias en competencia. Una es lo que él llama una sociedad como "asociación empresarial", cuyo propósito es alcanzar ciertas metas, tales como: producir mayor crecimiento económico y elevar los niveles de bienestar de la población; y la otra tendencia es hacia la idea de una sociedad como "asociación civil", en cuya concepción el estado no tiene otro propósito más allá de hacer posible la felicidad de sus miembros. El carácter histórico del estado es el de una institución que ha oscilado entre estas dos tendencias.

Según Kukathas, tanto la teoría de Hume como la de Oakeshott, sobre la naturaleza del estado, reflejan las contradicciones que dicho concepto encarna. Por tal motivo, tenemos que distinguir entre los conceptos de estado y nación; ya que muchas veces se usa el concepto de estado como sinónimo de nación. Sabemos que muchas naciones pequeñas encarnan un estado nacional; en cambio la mayoría de las naciones grandes o de vastos territorios y poblaciones, están fragmentadas en muchos estados; pero su existencia está ligada por lazos de soberanía, ideología política, actividad socio-económica y patrones culturales, históricos y jurídicos.

"Una nación puede ser definida como una entidad político- cultural, la cual se identifica por su carácter único y derechos colectivos. Un estado, por el contrario, puede definirse como una entidad político judicial; la cual se identifica por sus derechos de soberanía".[37] Una nación está formada por un grupo de personas que comparten un mismo territorio, una misma historia, y profesan los mismos valores, costumbres, lenguaje, y tradiciones. No comparten creencias, prácticas espirituales, valores étnicos o

---

37 Diferencia entre estado y Nación (Google 3/19/2011) p. 2 de 4

ideológicos y políticos; ya que estos son propiedad de grupos, organizaciones, religiones y partidos políticos existentes en un colectivo nacional cualquiera.

Cuando nos preguntamos: ¿Cuál es el papel o la función del estado en una nación, o de los estados en una federación?

Descubrimos una serie de opiniones encontradas. En la sociedad feudal que tuvo como escenario histórico a China, Japón, y el viejo continente, como vimos anteriormente, el estado surge como nuevo guardián del orden público y como vínculo unificador de los intereses de la nobleza y la monarquía; como un medio de centralización del poder político y socio-económico y al mismo tiempo, instrumento administrativo financiero y judicial en manos de los que sustentan el poder socio-económico y político de un colectivo nacional.

Para nosotros, el estado debiera ser una asociación de las comunidades, que iguala y protege los intereses, las ideas, las costumbres, valores, aspiraciones y necesidades de todos en la sociedad. Como afirma Kukathas "el estado no debe ser visto como una asociación que subordina a un grupo de ciudadanos por debajo de otros". Ya vimos como los cientistas sociales han venido tratando de entender y de explicarnos el papel y/o función del estado.

Unos lo definen como un instrumento al servicio de las clases dominantes (Marx, Lenin, Althuaser y otros). Otros como un medio de hacer justicia y preservar la libertad (Rosseau, Kant y otros); alguien dijo que el estado es la única institución capaz de garantizar una vida ética en la sociedad (Hegel). Para Hume el estado es el punto de equilibrio entre libertad y autoridad. Y por último el punto de vista de los pluralistas que reconocen la complejidad y fragilidad del estado tanto como institución que como entidad o foro político.

Apéndice:

Listado de los federaciones existentes en nuestro planeta, con sus respectivos estados y unidades territoriales hasta noviembre 2010[38]

Federación	Unidades federadas	Unidades Federadas mayores	Unidades federadas menores
Argentina	Provincias Argentinas	23 Provincias	1 ciudad autónoma
Australia	Estados 4. Territorios de Australia	6 Estados	10 Territorios
Austria	Estados de Austria	9 Lander or Bundeslander	
Alemania	Estados de Alemania	16 Lander y Burderlander	
Bélgica	Divisiones de Bélgica	3 comunidades	3 Regiones
Bosnia y Herzegovina	Divisiones de BYH	2 Federaciones 20 Cantones	1 Distrito
Brazil	Estados de Brazil	26 estados	1 Distrito Federal 5,561 Municipios
Canadá	Provincias y Territorios	10 Provincias	3 Territorios
Comoros	3 Islas		
Etiopia	Regiones de Etiopia	9 Regiones	2 ciudades constituidas
Estados Unidos	Estados de USA	50 Estados	1 distrito federal 1 territorio Incorporado 13 Territorios no Incorporados

---

38 Fuente: Wikipedia Estado (políticamente) 4/22/2011 (11 y 12 de 15).

Federación	Unidades federadas	Unidades Federadas mayores	Unidades federadas menores
Emiratos Árabes Unidos	Emiratos EAU	7 Emiratos	7 territorios Unidos y 1 ciudad Capital
India	Estados y territorios de India	28 estados	7 territorios
Iraq	Gobernaciones de Iraq	18 Gobernaciones y región Autónoma de Kurdistán	
Malasia	Estados de malasia	13 estados	3 distritos federales
México	Estados de México	31 estados	1 distrito federal
Micronesia	4 Estados		
Nepal	Zonas de Nepal	14 Zonas	75 distritos
Nigeria	Estados de Nigeria	36 Estados	1 distrito federal
Pakistán	Provincias y territorios de Pakistán	4 Provincias	1 territorio
Federación Rusa federal	Sujetos Federales de Rusia Federales	21 Repúblicas 46 oblatos 2 ciudades federales 1 territorio autónomo 0 krugs 4 oblatos 9 krais	4 territorios 1 Capital
Saint kits and Nevis	Islas y Parroquias de SK&Nevis	2 islas 14 Parroquias	
Sudan	Estados de Sudan	25 estados	
Suiza	Cantones de Suiza	26 Cantones	
Venezuela	Estados de Venezuela	23 estados	1 Distrito federal 1 Dependencia Federal

Capítulo III:

El poder religioso
(La era del miedo y la Inocencia).

Desde la antigüedad los hombres han venido buscando respuestas en los mitos y creencias religiosas a sus interrogantes existenciales. Frente a los fenómenos naturales; frente a la muerte; el origen de la vida y de la creación; frente al destino del mundo y otros misterios; frente a lo desconocido principalmente, el hombre ha recurrido a ideas religiosas y al culto a dioses que representan a dichos fenómenos.

Las creencias religiosas fueron creando una corriente paralela de ideas y distintas formas de adoración a Dios, de distintas prácticas y valores morales que sustentan dichas creencias. Para judíos, cristianos y musulmanes existe un solo Dios, cuyos preceptos han sido prescriptos como normas de conducta social, tanto en las fuerzas vivas de la naturaleza, como en revelaciones hechas a algunos seres elegidos. Para los pueblos asiáticos, en cambio, la religión les llegó acompañada de un sistema de valores morales que norman la vida familiar, la conducta social, la actitud ante las autoridades y el culto debido a los dioses y diosas; o al creador a través de las enseñanzas del hinduismo y el budismo.

En todas las religiones existen dos ideas contrapuestas: Por un lado todas insisten en la necesidad de purificación del alma a través de sacrificios y prácticas que eleven la condición espiritual del ser humano. Coinciden también en la búsqueda de lazos de convivencia y hermandad que unan a los humanos entre sí. Pero al mismo tiempo, se distancian una de otras a la hora de definir las creencias y las prácticas espirituales que la sustentan; así como el estilo de vida; conducta y leyes que la rigen. Todas las religiones coinciden en la prédica de un paraíso prometido después de la muerte como respuesta a la angustia e inquietud del ser humano frente a la realidad de esta; sin embargo son muy disímiles las distintas teorías y promesas que cada religión ofrece.

Estas diferencias de creencias y prácticas espirituales más que acercar y unir las religiones; las han enfrentado a lo largo de los siglos; especialmente a los musulmanes y cristianos; quienes han pasado por un proceso de intolerancia y lucha, no sólo en el orden espiritual; sino, además de lucha ideológica, política y económica por siglos. A pesar de los esfuerzos realizados por muchos líderes religiosos por establecer un espíritu de tolerancia y de pluralismo religioso en muchas comunidades y en varios frentes religiosos en las últimas décadas de nuestro siglo, no se han cristalizado sus ideales de armonía, consenso y tolerancia religiosa.

Existen dos diferencias fundamentales que separan a las religiones mayoritarias en el planeta, una de otras. Una es la diferencia en la fe religiosa, entre monoteísmo y politeísmo, y la otra es la creencia en quien de los elegidos por Dios, es el único mediador entre Dios y los hombres: ¿Jesús, Buda o Mohamed? Veamos un breve perfil de cada una de las más populares religiones, su origen, características principales y su posición con relación a estas ideas que hemos mencionado.

3.1 Budismo E Hinduismo.

Ambas creencias religiosas se originaron en la India y recogen un abanico muy diverso de prácticas e ideas religiosas ancestrales que se gestaron en diferentes regiones de la India y en sucesivas generaciones; dado que en estos territorios, variadas y legendarias civilizaciones se sucedieron muchos siglos antes que surgiera el sincretismo o unificación de dichas creencias, cultos y costumbres religiosas. El hinduismo no tiene un fundador, ni un texto oficial de enseñanza como otras religiones.[39] Su proceso de crecimiento se atribuye a los arios. Aunque aceptaban el culto a otros dioses y diosas daban prioridad al Dios creador (Brahma). Creían que este tomaba múltiples formas, al igual que los demás tenía incluso su propia familia.

Los hinduistas creen en la reencarnación como forma de purificación. La meta final de dichas reencarnaciones es acercarse al 'Karma". El que obra bien reencarna en formas de vida superior; quien hace el mal reencarna en formas de vida inferior y de sufrimiento. Ese es el destino del alma, perseguir su "Karma". Solo podemos escapar de la rueda del Karma a través del "Dharma" que es la tabla de reglas y trabajos religiosos y morales que nos pueden ayudar a llevar una vida ética; obedeciendo el "Dharma" la persona adquiere méritos para una mejor vida en su próxima reencarnación.

Al igual que el Budismo, el Hinduismo no critica ni se opone al sistema de castas existentes en la India; si no que acepta dicho sistema social y sostiene que tanto el "Karma" como el 'Dharma" ayudan a asegurar dicho sistema. Los libros sagrados de los vedas y sus tratados filosóficos ("Upanishaps"), que se remontan a miles de años antes de Cristo recogen las enseñanzas y tradiciones Hinduistas.

---

39 Prentice Hall. Historia Universal, O.C. 78

Otra enseñanza importante del Hinduismo es la no-violencia ("ahimsa"). Para un hinduista las personas y las cosas son como apariencia de Brahma y deben ser respetados. Algunos seguidores del Hinduismo han también enfatizado en la meditación y auto-negación (Jainismo, 500 A.C), como medio de purificación; en cambio, los monjes Brahmanes ofrecían ritos sagrados cuando sus ejércitos iban a la guerra y para pedir a los dioses lluvia en tiempos de sequía; prácticas a las que se opusieron reformadores tales como Mahavina y Siddhartha Gautama, fundador de una nueva religión, el Budismo.

3.2 El Budismo.

El principe SiddharthaGautama (Buda) nació y creció en el seno de una familia rica, su padre era un oligarca del nordeste de la India. Unos autores sitúan su nacimiento en el año 563 A.C[40] en Lumbini (Nepal) y criado en Kapilavastu; otros en el 566 A.C.[41] Según las escrituras de T. Tipitaka, un astrólogo visitó la casa del joven príncipe, Gautama, y profetizó que este renunciará a su mundo de lujo y esplendor para convertirse en un hombre santo y que dejaría el palacio real.

EL joven príncipe a pesar de los esfuerzos de su padre por educarlo y convertirlo en heredero del trono y su fortuna, abandonó la realeza a los 29 años y decidió explorar la vida espiritual. El joven principie Gautama que había disfrutado de los placeres y privilegios materiales de una vida feliz al lado de una Joven y bella esposa y su pequeño hijo, prefirió transformar su vida después de presenciar el sufrimiento y el dolor que descubrió fuera de las paredes del palacio real.

---

40 Wikipedia O.C. Org./wiki/Budism. 5/22/2011 (3 de 42) segun theravada tipitaka.
41 Historia Universal, O.C. 79.

Vagó por años, buscando en vano respuestas entre los maestros y sacerdotes hinduistas. Trató el ayuno y la meditación; pero sólo encontró la solución a su dilema existencial cuando experimentó el sufrimiento, enfermando a sí mismo. Mantuvo su meditación por 48 días tratando de encontrar respuesta al misterio de la vida.

Después de ser tentado por espíritus de maldad descubrió repentinamente la causa y el remedio del dolor y el sufrimiento, convirtiéndose así en Buda (el Iluminado). De allí en adelante se dedicó a enseñar a otros lo aprendido y vivido por experiencia propia. En su primer sermón resumió el fundamento de su doctrina en las llamadas cuatro nobles verdades:

1- Toda la vida está llena de sufrimiento, pena y dolor.

2- La causa del sufrimiento es el deseo de tener cosas que son realmente ilusiones, tales como: riquezas, poder y larga vida.

3- La única cura para el sufrimiento es vencer el deseo.

4- La vía para vencer el deseo es seguir el camino alcanzado por Buda (el Camino de la Virtud), a través de las ocho sesiones o etapas de purificación.

Buda describe estas ocho sesiones como: opiniones, aspiraciones, discurso, conducta, sustento, esfuerzo, atención y contemplación correctos. Mediante la meditación el budista puede conseguir la iluminación. Cuya meta final es el nirvana que es la unión del alma con la armonía del universo. Asimismo Buda enseña reglas de ética y moral, tales como: la honestidad, la caridad y amor para con todas las creaturas del universo.

Aunque al igual que el Hinduismo, el Budismo predica la reencarnación como ciclo de purificación y la no-violencia como norma de convivencia entre los hombres, difiere de este en muchos aspectos doctri-

nales importantes, tales como; rechazo del politeísmo religioso del Hinduismo; rechazo del sacerdotalismo y rituales Hinduistas; se opone a la existencia
de castas, aunque no la crítica, ni la combate. Si bien
es verdad que el Budismo cuenta con unos 350-500
millones de creyentes en todo el mundo; que ha establecido miles de monasterios y centros de estudio en
todo el planeta; su práctica y tradición más importante son las enseñanzas de los tres Joyas o piedras
preciosas: el Buda, el Dharma y el Sangha. (El ejemplo de Buda, el estudio y la comunidad).

El budismo se opone a las creencias de un alma in-
mortal o eterna más allá de la muerte. Concibe la vida
como una dinámica de cambio permanente, como un
proceso determinado por las leyes de causa y efecto.
Algunas de sus escuelas hablan hasta de 31 cambios
o planos de existencia en los seres vivos. Claro que
existen diferentes escuelas e interpretaciones del Budismo. Un legado importante del Budismo, además
de la meditación es la práctica del Yoga; aunque esta
práctica le antecedió; fue Buda quien le introdujo en
sus textos, cambios significativos a dicha práctica.
Las tres ramas más conocidas del Budismo hoy son:

Theravada Budistas; los Mahayana y los budistas tibetanos. Cada una de estas corrientes tiene su
propio código de conceptos; sus propias normas y
costumbres.

Pero a pesar de sus diferencias todos aceptan a
Buda como su maestro; aceptan sus nobles cuatro
verdades; su camino de las ochos etapas o regiones
de purificación y aceptan sus propuestas como medios para la más alta realización. Incluso, todas están siendo convocadas a la unidad por una organización budista ecuménica. La expansión del Budismo
se debe en gran parte a la conversión del rey Asoka
(268 A.C) al budismo y sus esfuerzos por promover
dicha religión, se extendieron a toda la India y demás
regiones de Asia.

3.3 El Islamismo.

La segunda más grande religión del mundo cuenta con alrededor de un billón de seguidores. Tuvo su cuna en Arabia, en el año 622 D.C (año que es considerado el premier año del calendario musulmán). Su libro sagrado, El Corán, cuyo significado en árabe es "inimitable"; por lo cual es considerado como el único mensaje directo de Dios hacia los hombres, transmitido a través del arcángel Gabriel al profeta Muhammad.

El Islam no separa la religión de la vida civil; ni las leyes; ni la política; ni la conducta moral; ni la vida familiar; ni el gobierno; ni los negocios; ni ningún otro aspecto de la convivencia social. Todos estos aspectos fueron elaborados por intérpretes del Corán, a través del "sharia" para aplicar sus enseñanzas a la vida diaria. El Corán predica la igualdad del hombre y la mujer ante Dios. Reconoce muchos de los mismos profetas del judaísmo y del cristianismo. Defiende la existencia del cielo e infierno. Anuncia igualmente, la espera de un juicio final, como realización de la justicia divina, también conocido como día de la resurrección.

El Corán basa su legitimidad en la revelación; al igual que cristianos y judíos defienden la revelación del Torah y la Biblia. El Islam también defiende la libertad religiosa. La participación de la mujer en actividades religiosas y sus derechos varían de una sociedad a otra en el mundo árabe. Aunque enseñan la igualdad espiritual de hombre y mujer, a estas se les asignan roles diferentes y tienen derechos limitados. Muchas veces dichas limitaciones y costumbres de segregación femenina a tareas domésticas, fueron adoptadas en regiones no-árabes, con la expansión musulmana, y la conquista de otros reinos.

El Corán es considerado como la última revelación de Dios hecha a través de los profetas; según los musulmanes los evangelios y el Torah distorsionaron la palabra de Dios. Llamado como "fuente de principios y valores morales", el Corán, inicialmente fue transmitido oralmente. Básicamente el Corán es una guía moral e instrucción legal. Para los musulmanes el "perfecto Corán" es el único revelado en texto original Árabe. Las demás traducciones son consideradas como deficientes ya que contienen diferencias de lenguaje; como "comentarios" e "interpretaciones" de su contenido; y no como el Corán en sí mismo.[42]

El Islam se basa en cinco principios, columnas o actos religiosos, considerados como obligatorios para todos sus seguidores; presentados por el Corán como base de la adoración y compromiso de fe con Dios. Estos son: El credo, las oraciones diarias, la caridad, ayuno durante el mes del Ramadán y peregrinación a la cuidad de la Meca por lo menos una vez en la vida. "La ley Islámica cubre todos los aspectos de la vida, desde los asuntos de estado, tales como gobierno y relaciones internacionales hasta asuntos de la vida diaria".[43]

El Corán y el "sunnah" contienen también leyes sobre la herencia, matrimonio y restitución por heridas y homicidio; así como reglas sobre el ayudo, la caridad y la oración. Pero dicho sistema legal y sus aplicaciones prácticas varían de acuerdo a su interpretación. Dichas Interpretaciones son encargadas en el islam a los "Ulema", o cuerpo de clérigos musulmanes, quienes después de varios años de estudio y práctica en las ciencias Islámicas se dedican a la enseñanza de las leyes Islámicas.

---

42 Wikipedia, O.C Islam Beliefs 6/
43 Idem 13.

Estos "juristas" deben alcanzar altos estándares de conducta y conocimiento para ser considerados como "Ulemas". Su "Jurisprudencia" es definida como el conocimiento de las reglas y prácticas de la religión. Su método de aplicación de dichas reglas es conocido como "teoría legal" o "principios de Jurisprudencia ". De acuerdo con la teoría legal Islámica, la ley tiene cuatro raíces, las cuales se han dado en este orden: El Corán, el sunnah (acciones y enseñanzas de Muhammad), el consenso de los juristas musulmanes y el razonamiento analógico. Estos principios de jurisprudencia fueron codificados en el siglo nueve D.C por el jurista "ash-shafi" quien proveyó a la ley Islámica de bases teóricas en su libro "Ar-Risalah". La enseñanza islámica contiene también normas de etiqueta, de higiene y hábitos alimenticios, que sus seguidores deben observar; así como ritos funerarios. Reglas para el matrimonio, obligaciones y derechos legales de los miembros de la familia.

Posiblemente el asunto más controversial del Islam es el "Jihad" que significa "luchar o pelear" en nombre de Dios, considerada el sexto pilar o columna del Islam por una "minoría de autoridades "sunni" dentro del Islam. En sentido amplio se define como "mayor esfuerzo, intento y habilidad en contender contra un objeto o desaprobación".[44]

Existen pues, diferentes categorías o formas de lucha o "Jihad" para el musulmán, una es la lucha contra el mal, personificado en el diablo como enemigo. La que se refiere al esfuerzo personal contra la imperfección moral o espiritual. La que permite declarar la guerra contra los apóstatas, los rebeldes, los corruptos, los delincuentes o contra los líderes de estados o naciones que opriman o persigan a los musulmanes. Muchos musulmanes reconocen que una gran mayoría de sus seguidores, hoy en día interpre-

---

44 Wikipedia Idem 5.

tan el "Jihad" solamente como una forma defensiva de guerra. Pero "Jihad" externo, incluye la lucha de los sociedades Islámicas, conforme a las normas islámicas de justicia.[45]

De hecho la historia del Islamismo es una de lucha, persecución y conquista de nuevos adeptos y nuevos reinos. Su propio fundador, Muhammad (579-632 D>C.) de comerciante se convirtió en líder político, militar y religioso del Islam. Aunque los musulmanes lo consideran como el último mensajero de Dios; dedicó los últimos 22 años de su vida a predicar en la Meca contra el politeísmo. Perseguido por las autoridades de la Meca, emigró con un grupo de sus seguidores a la ciudad de "Yathrib" (622 D.C), conocida hoy como Medina o cuidad del profeta.

Allí impuso su liderazgo y autoridad; con sus leales luchó contra las autoridades de la Meca, contra los Judíos del "Khaybor" y unificó las tribus árabes del desierto bajo una sola bandera religiosa y conquistó la cuidad de la Meca (629 D.C). Sus sucesores se dedicaron a expandir el dominio musulmán entre sus vecinos primero y luego llegando hasta ultra-mar. De la lucha por el control del poder del islamismo surgieron dos grupos sectarios entre los musulmanes, los sunnies quienes se constituyeron en mayoría rápidamente, después del asesinato de Alí (661 D.C) y en los días de la primera guerra civil musulmana.

Para los sunnies, sus cálifas o jefes, deben ser elegidos entre los líderes de la comunidad. Enfatizando más en su liderazgo dentro de la comunidad que en su autoridad religiosa. En cambio, los shiitas insisten en que solo los descendientes del profeta son divinamente inspirados. Dicha inspiración viene para los sunnies del ejemplo del profeta transmitido a través de sus primeros seguidores. Esta división o

---

45 Wikipedia Ibidem

cisma del Islamismo ha subsistido por más de 1300 años.[46] Hoy en día cerca del 90% de la población musulmana son sunnies. La mayoría de los shiitas, residen en Irak, Líbano, Irán y Yemen y muchos están fraccionados en diversos grupos sectarios.

Posiblemente la interpretación simple del "Jihad" como "guerra santa " ha inducido a grupos extremistas del fundamentalismo musulmán a prácticas violentas de confrontación de las ideas y valores morales no aprobados y/o criticados por el Islam, llegando algunos incluso al fanatismo religioso del auto-suicido como forma de lucha y hasta la justificación del terrorismo. Cuando la esencia del Islam y las enseñanzas del profeta están llenas de referencias a principios tales como la tolerancia religiosa, libertad religiosa y búsqueda de la paz, social y espiritual, a través de la adoración a "Allah", único e inimitable.

3.4 EL Judaísmo.

El Judaísmo nació hace más de tres mil años y es la religión monoteísta más antigua. Al mismo tiempo, el Judaísmo con sus enseñanzas, valores y tradiciones ha influenciado y/o motivado el surgimiento de las más extensas fes religiosas de hoy: el cristianismo y el Islamismo. Desde sus orígenes el pueblo Judío se ha auto-denominado "pueblo escogido "por Dios. Para el 2010 la población total de Israel era de 13.4 millones de habitantes, apenas el 0.2% de la población mundial, sin embargo, su influencia en su región, el medio-oriente, es de vital importancia, y su presencia en el mundo entero es de singular e increíble impacto. Ya que un 42% de la población Judía reside en la diáspora (en otros países) fuera de Israel cuya mayoría forma comunidades extensas en Canadá, Estados Unidos y Europa.

---

46 Historia Universal O.C. 263

Desde su nacimiento el pueblo Judío ha vivido en contacto con muchos otros pueblos, con otras ideas y costumbres. Los cuales ha tenido que enfrentar para desarrollar y crear sus propias ideas, tradiciones, leyes y costumbres. La idea central del Judaísmo es su fe en un Dios único que está ligado a su historia y a su existencia. Eventos y creencias recogidos en su libro sagrado "El Tora". Al igual que otras poblaciones mesopotámicas, los judíos creen que el gran diluvio que arrasó esa región (gen. 7, 10-24) en los días de Noé, fue un castigo de Dios por el pecado de la humanidad. Después de esto surge el pueblo Judío como una comunidad heredera de la promesa de Dios hecha a Abraham (Gen 17: 5-9).

El pueblo Judío desde sus orígenes se ha caracterizado por ser una población nómada, que ha vivido un proceso de migración permanente. Primero se establecieron en Ur, cerca de la Mesopotamia; de allí emigraron alrededor del año 2000 A.C. hacia Canaán (actual Palestina). Apenas doscientos años más tarde (1800 A.C) una terrible hambruna obliga a los descendientes directos de Abraham a establecerse en Egipto, donde fueron discriminados y esclavizados. Después de ser liberados por Moisés, debieron vagar por cuarenta años luego que escaparon de la tiranía egipcia, por el desierto y enfrentar muchos pueblos, para conquistar de nuevo a Canaán, "la tierra prometida".

Mil años antes de Cristo los judíos fundaron el reino de Israel; cuyos gobernantes más famosos fueron David y su hijo Salomón, quien le dio prosperidad y fama a su pueblo, edificó el primer templo dedicado a Dios y un fastuoso palacio. Salomón no solo se distinguió por su sabiduría y conocimientos, sino también por su habilidad diplomática para negociar con sus vecinos. Sin embargo, las ambiciones de Salomón, terminaron imponiendo pesadas cargas en impuestos y explotación de mano de obra forzada que provocaron protestas y rebeliones, en la población judía, que dieron al traste con su reinado; el cual se dividió en dos en el 930 A.C.

Nos dice el texto de Historia Universal "Conexiones hasta Hoy"[47] que "debilitados con esta división, los Hebreos no pudieron luchar contra la invasión de los ejércitos enemigos". En el 722 A.C el reino del norte fue conquistado por los asirios y el reino del sur fue arrasado en el 586 A.C por Nabucodonosor rey de Babilonia, quien destruyó el gran templo de Jerusalén y tomó como esclavos a las hebreos y los condujo a Babilonia, donde permanecieron en cautiverio hasta la caída de Babilonia en manos del Rey Ciro de Persia (2 Crónicas 36, 19 y 20). Fue en Babilonia donde se le comenzó a llamar Judíos a los Hebreos, ya que provenían de Judea los capturados por Nabucodonosor. Años más tarde los Judíos que retornaron a Palestina reconstruyeron el Templo de Jerusalén a instancias de Ciro, rey de Persia (Esdras 1:2 y 3).

El Judaísmo comenzó como un monoteísmo ético; la creencia en un Dios único que gobierna las acciones de los humanos. De acuerdo al Génesis, primer libro del Tora o Pentateuco, Dios prometió a Abraham hacer de su descendencia una gran nación. Ese deseo divino sería sellado mediante un pacto. Dios los condujo según dicha condición a amar y honrar un solo Dios, en medio de un mundo pagano o politeísta. El pueblo Judío se comprometió con Dios no solo a guardar su palabra, sino a amarse como pueblo unos a otros; a cuidar de los más débiles y de las viudas. Es decir, en una palabra, a imitar el amor de Dios por su pueblo.

---

47 Historia Universal O.C 44

Los diez mandamientos que el Señor entregó a Moisés en el Sinaí, en dos tablas de piedra, quedarían grabados en la mente y el corazón del pueblo de Israel como guía y fundamento del Judaísmo, junto a una larga lista de leyes y obligaciones que constituyen el pacto divino de Dios con el pueblo Judío. Aunque el monoteísmo ético es sagrado o normativo, es decir mandatorio en todos los textos del Judaísmo. No siempre ha sido observado en la práctica (recuerde por ej.: el episodio en el cual el mismo Moisés quiebra las tablas de los mandamientos sobre el becerro de oro (Éxodo 32: 19 y 20). La práctica de la Idolatría es considerada el mayor pecado por el Judaísmo: Muchas de las interpretaciones neo-cristianas existían ya en el Judaísmo.

Algunos autores consideran que el peso de la ley Judía es tan estricta y severa que el mismo Jesucristo criticó su observancia ciega e irrestricta (mateo 15:1-18). De hecho algunos autores arguyen que el Judaísmo ortodoxo no requiere que uno cree en Dios, a pesar de que, hacen Juramento de fe con trece (13) principios propuestos por Maimonides en el siglo XII. Dichos autores, quieren decir, que la observación de la ley Judía es más importante que la fe en Dios, para grupos o sectas Judías tales como los fariseos y los saduceos; a quienes Cristo enfrentó.

En la actualidad, algunos movimientos Judíos liberales no aceptan la existencia de una deidad personificada, activa en la historia.[48] Según Maimonides cualquier Judío que rechace incluso uno de sus trece principios de fe debe ser considerado un hereje y un apóstata. Algunos autores han criticado esa posición de Maimonides diciendo que dichos principios aunque positivos y verdaderos, no son fundamento de fe.[49] En los tiempos mismos de Maimonides, su lista de contenidos básicos del Tora fue criticada por autores como Hasdái Crezcas, Joseph Albo y Otros.

---

48 Ver Judaismo 101; Movimientos del Judaismo. Jew Fag org. www.JewFagorg/movement.html 2010 (08-22)

49 Maimonides 13 fundamentos del Judaismo-Mesora www.Mesora org.13principos. Rabi Mordechai Bliynenfedd, 13 principios de fe, "Aishha Torah" www.kish.com/sp/ph 489-23/7/22. Daniel Septimo "Los 13 principios de fe". www.myjewslearning.com

En la Antigüedad, el mismo historiador romano Josefo observa, que las prácticas y cumplimientos de la ley judía más que creencia religiosa, están asociadas con la apostasía. Menciona entre estos requerimientos de la ley Judía de conversión al Judaísmo, la circuncisión y la aceptación de tradiciones y costumbres de su cultura. "Hoy en día el Judaísmo carece de una autoridad centralizada que dicte un dogma religioso exacto".[50] "A causa de esto, continúa diciendo el texto mencionado, muchas variantes diferentes son consideradas dentro del ambiente del Judaísmo", Todos dichos movimientos grandes o pequeños se basan en el Tora y sus comentarios más reconocidos son el "Talmud y el Midrásh". A pesar de sus interpretaciones y prácticas disimiles, todos reconocen la raíz básica del Judaísmo como punto de partida, y como base de su ideología, que es el pacto de Dios con Abraham y los aspectos complementarios rebelados a Moisés por el creador.

La tora o pentateuco está compuesto por los cinco (5) libros de Moisés; considerados como libros inspirados por Dios. Según la tradición rabínica el Tora consta de 613 mandamientos que forman el conjunto de leyes dirigidas al comportamiento de hombres y mujeres, el rol de los sacerdotes y las reglas de observación del culto y el cuidado del templo. Según comentario de Wikipedia "muchos de estas leyes solo eran aplicables cuando existía el templo de Jerusalén. Hoy, apenas unos 300 de estos mandamientos son todavía aplicables".[51] La Mayoría de los Judíos cree en la ley oral (del Tora). Solo una minoría de saduceos y otros grupos se basa solo en el texto escrito. La tradición oral del Tora fue transmitida por los fariseos y luego recopilada por los rabinos.

---

50 Wikipedia Enc. Judasimo 9.
51 Wikipedia O.C. 10

El sistema de vida de los judíos rabínicos se basa en una combinación de lectura de la tora y de la tradición oral conocida como "ley oral", el mishnah; el Midrash y el Talmud. La práctica religiosa ortodoxa del Judaísmo actual se basa en la interpretación del código legal más importante de la ley Judía. "El Sunchan Aruch". Según D. Boyarín (1994), el Judaísmo que cuenta con más de tres mil años de historia que preceden al surgimiento de la cultura occidental, no puede ser interpretado desde nuestra perspectiva analítica. "La distinción entre religión y raza, es extraña al Judaísmo en sí mismo".[52] Señala, el Judaísmo no cabe dentro de las categorías platónicas occidentales, tales como religión, raza, o cultura.

A lo largo de su historia el Judaísmo ha experimentado todas las etapas o experiencias que otros pueblos han vivido en forma particular. Los judíos han conocido la esclavitud, la anarquía, la teocracia, conquista, ocupación, exilio, genocidio, nacionalismo y diáspora. En otras palabras, otros pueblos han vivido algunas de dichas experiencias, pero el pueblo Judío las ha experimentado todas. Por lo cual, Boyarín arguye que la "Judeidad trastorna la categoría de identidad, porque no es nacional, ni genealógica, ni religiosa, sino todas ellas en tensión dialéctica".[53]

De acuerdo con la tradicional ley Judía, todo hijo de madre Judía o todo aquel converso al Judaísmo, es judío. Los convertidos al Judaísmo tradicionalmente son sometidos a evaluación por la autoridad y son examinados en su sinceridad y conocimiento de la ley judía y se les da el nombre de hijo o hija de Abraham. Por nacimiento o por conversión un judío es considerado como tal por siempre. Un judío que se considere ateo o se convierta a otra religión es todavía considerado como judío por el Judaísmo

---

52 Daniel Boyarin. A Radical Jew
53 Boyarin, D. Ibidem

tradicional. Sin embargo, el movimiento de reforma mantiene que un Judío que se convierte a otra religión no es más un Judío. La cuestión de determinar la identidad judía no solo ha sido llevada a la corte suprema del estado de Israel y tomó auge en 1950, cuando David Ben-Gurion (líder del nuevo estado de Israel) abrió la polémica sobre el tema entre autoridades religiosas e intelectuales, a fin de establecer la definición de ciudadanía israelí.

Los llamados movimientos religiosos judíos más importantes son:

El judaísmo Rábinico: Que se caracteriza por la creencia de que la ley escrita (tora) no puede ser correctamente interpretada sin referencia o auxilio de la ley oral (tora oral).

La Ilustración judía (S.XVIII): Resultado de divisiones o denominaciones que se produjeron en Europa y Estados Unidos. Las mayores denominaciones fuera de Israel actualmente son; la ortodoxa, la conservadora y la de la reforma; el judaísmo ortodoxo sostiene que ambas tradiciones: La ley escrita y la oral fueron reveladas a Moisés; y que los límites de las leyes están cubiertos y son incambiables.

El Judaísmo ortodoxo: A su vez se subdivide entre Judaísmo ortodoxo moderno y el judaísmo Haredi que incluye el Judaísmo Hasídico y surgió entre los judíos asiáticos, el norte de África e Israel.

El Judaísmo Conservador o Masorti: Se caracteriza por el compromiso con las leyes y la costumbres Judías; incluyendo la tradición de guardar el sábado y el "Kashrut". Enseñan que la ley no es estática, sino que se desarrolla en respuesta a situaciones cambiantes. Sostiene que el Tora es un documento divino escrito por Dios y releja su divina voluntad; pero rechazan la posición ortodoxa de que esta fue dictada por Dios a Moisés. Sostiene también que la ley oral es divina y normativa; pero ambas, la escrita y la oral deben ser interpretadas por los Rabinos para reflejar el sentir y la situación actual.

Judaísmo de la reforma: Llamado también liberal o progresista define al judaísmo más como una religión que como una raza o cultura. Rechazan la mayoría de las leyes rituales y ceremoniales del Tora; observa la leyes, morales; enfatizan la conexión personal con la tradición Judía y con el discurso ético de los profetas; de la reforma provienen otros movimientos, tales como; el Judaísmo reconstruccionista, que enfatiza el rol de la comunidad en las decisiones e interpretación de la ley.

El judaísmo renovador, movimiento reciente que surge en Norte-América enfatiza la espiritualidad y la justicia social, donde hombres y mujeres participan por igual en el culto y la oración. El Judaísmo humanista, movimiento centralizado en Estados Unidos e Israel y que enfatiza el conocimiento y práctica de la cultura y la historia Judía como fuentes de la identidad Judía. Sin embargo, en el pueblo de Israel las personas en sí se definen a sí mismos como "Judío secular", "Judío tradicional" o "judío Religioso". Lo que significa que la mayoría de estos movimientos religiosos del Judaísmo, han surgido y se han desarrollado en la diáspora. La religión oficial del estado de Israel es conocida como Sionismo o religión nacional.

Las festividades judías son muy importantes para el pueblo de Israel y para los judíos de la diáspora en general. Las tres fiestas más importantes son: "Sukkot, masovera y Shavuot" llamadas los tres "regalón" (pies). Durante dichas fiestas los judíos acostumbraban a peregrinar a Jerusalén para ofrecer sacrificios en el templo. Otras fiestas del calendario Judío como "Rosh Hashanah (día del recuerdo) o día de año nuevo judío y comienzo del "yom-kippur".

Día en el cual el pueblo pasa todo el día en la sinagoga en ayuno y oración. Otra festividad importante es el festival de las luces o "hanukkah" o dedicación, que conmemora el milagro del aceite" ocurrido en el templo de Jerusalén después de su reconstrucción; coincide con la celebración cristiana del nacimiento de Cristo o natividad. Otra importante celebración judía es el "Purim", en recuerdo de la hazaña de Ester, quien develó la trama del rey Haman en contra de los judíos (Ester 9:26-30); es una fiesta de regocijo, intercambio de regalos, comidas, bebidas, lectura y reflexión sobre el libro de Ester y de dar regalos a los pobres.

Otra práctica exclusiva dictada por el Tora al pueblo judío es el consumo de alimentos, el cual está regulado por normas estrictas, tales como: la prohibición de productos no supervisados por sus autoridades; el consumo de sangre animal (según el Tora en la sangre está el alma de los animales). También contiene instrucciones sobre la pureza de la mujer; pureza en las personas vinculadas al culto, etc. Otros ritos importantes son los que se relacionan con los períodos importantes del ciclo de vida de las personas, tales como: Nacimiento, paso de la adolescencia a la edad adulta, matrimonio-boda y la pérdida de un ser querido (muerte). Los cuales no solo son conmemorados públicamente, sino que sirven de encuentro y vínculos con la comunidad.

Desde los tiempos del "mishnah y el Talmud" hasta el presente, el Judaísmo ha requerido de especialistas o autoridades para la práctica de algunos de sus ritos y ceremonias".[54] Tales como los Rabinos, vocalistas o "Hazzan," un agente o representante "shatz", o líder quien preside las oraciones en el culto. Un máster de lectura, un gabbai (especie de mayordomo

---

54 Wikipedia

de la sinagoga). Otros roles religiosos importantes son los relacionados con la corte; con la circuncisión; el sacrificio de animales, con la enseñanza escolar, y con la supervisión sobre los alimentos importados, distribuidos o preparados en restaurantes y cafeterías para garantizar que los mismos cumplen con las reglamentos o normas de la ley Judía.

En conclusión podemos afirmar que el pueblo judío aunque parece muy unido y homogéneo, carece de uniformidad, aunque debemos reconocer que le adornan sólidas virtudes, tales como: vínculos estrechos de unidad familiar, alto grado de amor por el trabajo, una historia de lucha permanente contra la adversidad, contra los ataques y persecución, apego a sus raíces, tradiciones y costumbres; y una búsqueda constante de respuesta a los desafíos de la existencia y un seguimiento irrestricto del pacto de Abraham con el creador.

Actualmente existen algunas organizaciones y movimientos religiosos que tratan de fusionar elementos del cristianismo con elementos del judaísmo mesiánico. El más controversial de estos grupos se desarrolló en Estados Unidos, bajo el nombre de "Judíos por Jesús". Otros grupos promueven el sincretismo del Judaísmo, con otros grupos de religiones orientales tales como "Judíos Budistas", "Judios-Paganistas" y otros. También, es justo reconocer que el judaísmo ha tenido gran influencia en la religión Islámica y en el cristianismo. Los judíos han interactuado con los musulmanes desde el siglo VII cuando el islamismo se fundó y se extendió en Arabia; muchos de los valores básicos del Islam, su estructura, su Jurisprudencia y sus aspectos prácticos están basados en el Judaísmo. Igualmente, en la estructura de la Iglesia Católica, sus principios y práctica están basados en el Judaísmo.

3.5 El Cristianismo.

El cristianismo nace con Jesús de Nazaret y la propagación de su evangelio en el S.I de nuestra era. Como todas las religiones el cristianismo a sufrido transformaciones, divisiones, cismas, persecución, y exaltación. De un núcleo minúsculo de doce (12) apóstoles que originalmente siguieron a Jesucristo, después de veinte (20) siglos, más de 1 billón de creyentes ha abrazado la fe cristiana en diferentes denominaciones, Iglesias, movimientos e instituciones cristianas.

Las organizaciones cristianas más concurridas son la Iglesia Católica Romana, la más grande de la Iglesias Cristianas con más de un billón de seguidores; cuya cabeza o autoridad máxima es el papa con sede en ciudad del vaticano en Roma. Esta se subdivide en Iglesia latina o tradición Cristiana del oeste de Europa y las Iglesias católicas del este europeo con apenas unos 13, 865,000 seguidores según datos del 2010.

El mayor incremento de la membresía Católica en los últimas décadas ha ocurrido en África, con un aumento de 2.44% entre el año 2000 al 2008. Mientras que en Europa disminuyó en ese período unos 2.50%. El incremento total para diciembre del 2008, del catolicismo mundial fue de una Tasa de 11.54% (entre 2000 y 2008) para un total de un billón 166 millones de feligreses. Con relación al crecimiento de la población mundial, la figura es la siguiente: El número de Católicos de África era un 17.7% de la población; un 63.10% en las Américas; un 3.05% en Asia; un 39.97% en Europa; un 26.21% en Oceanía; lo cual significa un total de 17.40 % de la población mundial.

Si bien estos datos reflejan un crecimiento en la feligresía católica; entre los servidores y los líderes de los comunidades católicas hasta el 2000 se ha producido una disminución (en las dos décadas precedentes específicamente) pero a partir del 2,000 hasta la fecha el vaticano informa de un ligero incremento entre clérigos y monjas. En la liturgia de la Iglesia Católica Romana (latina) la misa es el centro del culto de adoración a Dios.

La iglesia Católica enseña que la eucaristía no solo es el recuerdo de la ceremonia de la última cena de Cristo con sus discípulos; sino que además, sostiene que Jesús se hace presente durante su celebración. Que las palabras del sacerdote transforman el pan (hostia) y el vino, en el cuerpo y la sangre de Cristo (transustanciación). Dicho sacramento solo puede ser celebrado por sacerdotes y obispos. Aquellos Cristianos que conscientemente reconocen estar en pecado mortal, se les prohíbe participar de la recepción del pan y el vino (cuerpo y sangre), en la eucaristía, sin antes haber recibido el sacramento de la reconciliación o penitencia.

Tradicionalmente la celebración de la misa y otros ritos de la iglesia católica se realizaban en lengua latina; pero a partir de 1969 con la autorización del papa Paulo VI, la liturgia Católica se viene celebrando en lengua vernácula (esto es, el lenguaje del pueblo). Los ritos de las Iglesias Católicas del este de Europa son similares a los de la Iglesia ortodoxa del este europeo; la cual históricamente se ha desarrollado en el este de Europa, Noreste Africano y en el medio Oriente; y que no tiene vínculos de unidad con el papa de Roma. Otros ritos usados por los Iglesias Católicas del este incluyen el bizantino, el de Alejandría, el Maronita y el caldeo.

Según la tradición Católica, sus creencias y defensas de fe están contenidas en el credo de Nicea, basado en las promesas de Cristo, contenidas en los evangelios. Según los cuales la Iglesia es conducida por el espíritu santo; sus enseñanzas son inspiradas e infalibles (libres de error). Sostiene también la Iglesia católica, que el espíritu santo actúa a través de la sagrada escritura, a través de la tradición y el magisterio. La tradición católica reconoce 73 libros de la biblia, que cuenta del antiguo y nuevo testamento, como libros inspirados; y rechaza un conjunto de libros religiosos considerados como "apócrifos".

Los 46 libros del Antiguo testamento encontrados en la versión griega o "septuaginta" y los 27 libros del nuevo testamento encontrados en 1209 en el código griego del vaticano, listados por Atanasio. Según enseña la Iglesia católica su fundación se remonta a los tiempos de los Apóstoles. Muchos coinciden en que el cristianismo fundó su primera Iglesia en el día de pentecostés (Hechos Cap. 2) día en que se bautizaron unos tres mil personas de diversas culturas y razas. Día en el cual oficialmente se inicia el ministerio apostólico.

Hechos que junto a la sagrada escritura y a la tradición forman el "depósito de fe"; cuya enseñanza e interpretación, reside en la llamada autoridad eclesiástica, conformada por el papa y los obispos. El cristianismo es la única religión monoteísta que defiende la creencia de la trinidad de Dios. Según la tradición Católica Jesucristo, es Dios y hombre en un mismo cuerpo humano; concebido por obra y gracia del Espíritu Santo; tercera persona de la Trinidad. A través del sacrificio de Cristo, en su crucifixión y su pasión, fueron borrados los pecados del mundo, el hombre (descendiente de Adán) se reconcilió con su padre (el creador). Cristo con su resurrección no solo venció la muerte y el pecado, sino que abrió las puertas de la inmortalidad para el hombre.

Cristo no sólo cumplió con las profecías anunciadas por siglos por los antiguos profetas, sino que rompió las cadenas que esclavizaban al hombre y lo ataban a los ritos y creencias antiguas. Según dicha doctrina la Iglesia Católica fue fundada por Jesucristo y es considerada su cuerpo místico, su esposa y su reino en este mundo. La misma fue fundada sobre la autoría de Pedro (mateo 16: 18-19) líder de los Apostales, escogido por Cristo como su representante; y cuyo papel hereda el papa. Según el concilio de Trento (1545-1563) Cristo instituyó siete sacramentos; a saber" bautismo, confirmación, Eucaristía, Reconciliación o penitencia, unción de los enfermos (llamado "extremaunción") sagradas órdenes y matrimonio. Conocidos como instrumentos de la gracia divina.

El Bautismo Católico difiere del bautismo cristiano de otras denominaciones. Mientras que la Iglesia Católica confiere el bautismo a los niños y lo hace por infusión del agua, los demás Iglesias Cristianas lo hacen solo a personas adultas o a jóvenes adultos y por inmersión como señal de muerte al pecado y resurrección con Cristo. El bautismo de los niños de la Iglesia católica está basado en la enseñanza del pecado original. En cambio, las Iglesias cristianas, no-católicas enseñan que los niños, como ángeles inocentes, nacen sin pecado y no necesitan ser bautizados. Ni mucho menos aceptan la creencia de un "Limbo" al que irían los niños que mueren sin bautismo.

Además para los cristianos no católicos el propósito del bautismo es el perdón de los pecados y el nacimiento con Cristo a un estado de gracia. Recordemos que el mismo Cristo dijo a sus discípulos: "dejad que los niños vengan a mí, pues de ellos es el reino de los cielos" (mateo 19,14) y el mismo fue bautizado a los treinta años de edad. Todos usan la fórmula trinitaria como clave que valida el bautismo: católicos y no católicos. De los demás sacramentos Católicos el único, después del bautismo, que ministran a sus fieles las iglesias cristianas no católicas, es el matrimonio.

Para los cristianos en general, después de la muerte el alma de la persona recibe un juicio personal y tiene dos opciones: cielo o Infierno; salvación o condenación. Paraíso y gozo, o tormento y dolor. Todos los cristianos aceptan la enseñanza evangélica de un juicio universal, después de la segunda venida de Cristo; para los católicos existe una tercera opción; para aquellas personas que fallecen con algunas culpas: el purgatorio, estado temporal de purificación; en el cual por medio de súplicas y la intervención de los santos, podrían más adelante entrar al paraíso.

Dos aspectos importantes de la Iglesia Católica que condenan y combaten los cristianos no católicos, es el culto a los santos, representados en estatuas; y el culto a la virgen María, madre de Jesús; a quien los católicos veneran y atribuyen numerosas apariciones; a la cual les han dedicado todo un devocionario (especialmente el Rosario). Prácticas que los cristianos no católicos consideran idolatría. Para los cristianos el único mediador entre Dios y los hombres, como enseña la Biblia es Jesucristo. La persecuciones que sufrió el cristianismo en sus tres primeros siglos de existencia, especialmente por manos de los autoridades del Imperio Romano causaron grandes sacrificios y pérdidas de vida entre los cristianos; pero al mismo tiempo dicho enfrentamiento con los gentiles, templó el espíritu cristiano e incrementó el número de creyentes entre ellos.

Fue en el año 313, D>C. era de Constantino, con el edicto de Milán cuando el cristianismo fue reconocido legalmente y declarado como religión oficial del estado romano en el año 380 D.C. La unidad del cristianismo comenzó a resquebrajarse con la formulación oficial de su doctrina, que empezaría a ser disputada en concilios ecuménicos desde el año 305 D.C con la celebración del primer concilio de Nicea. Dicho concilio estableció los límites geográficos y administrativos de las primeras diócesis y los contenidos básicos de la fe cristiana con la promulgación del llamado credo de Nicea. Las Iglesias de Roma, Alexándria y Antioquía, alegando su "origen apostólico" se reservaron ciertos derechos de mando y disciplina sobre las demás iglesias vecinas.

Otros notables aportes a la propagación de la fe cristiana serían: La traducción de la Biblia al Latín, por encargo del papa Dámaso I a San Jerónimo, quien redacta la primera versión de la Vulgata. La definición de la naturaleza divina y humana de Cristo, en un solo cuerpo humano (431 D.C – concilio de Éfeso y luego 451 D.C-Concilio de Calcedonia). La conversión de Constantino al cristianismo; traslado de la sede capitalina de Roma a Constantinopla; conversión de Clovis I al cristianismo (497 D.C); conquista de las provincias francesas, hispánicas e Itálicas por los franquistas; colapso del Imperio Romano (284 D.C).

Cuando el emperador Diocleciano dividió en dos reinos el imperio Romano, con la intención de restaurar el orden y la crisis económica reinante. A pesar de las reformas políticas y económicas introducidas por Diocleciano y ampliadas por Constantino (312 D.C) las luchas al interior de las provincias romanas, a las que se sumaron las invasiones de los alemanes, comenzaron por arrebatarle a Roma los territorios de Inglaterra, Francia y España. Invasiones del Este (húngaros, visigodos, alemanes y otros); corrupción política; epidemias y descontento en la población; fueron algunas de las causas que los historiadores mencionan como causantes de la caída de Roma, que vería el final de su esplendor en el año 476 D.C. Sin embargo, pocos mencionan la influencia que tuvo durante los últimos años del imperio Romano el avance del cristianismo. Más tarde, durante los primeros siglos de la edad media, la Iglesia Católica no solo controlaría la vida espiritual de los cristianos; sino que ejerció un control total sobre la vida civil, económica y política de los países occidentales de Europa.

En ese tiempo el discurso de los predicadores Católicos en los templos estaba enfocado en declarar a toda creatura como pecadora; por tanto, la única forma de escapar al castigo y al fuego eterno del infierno era recibir los sacramentos y estar sujeto a las leyes y disposiciones eclesiásticas. La Iglesia Católica tenía su código legal, llamado "canon" y sus propias cortes para aplicarlo. Aquellos ciudadanos que no se sometían al canon religioso, no solo recibían castigos o condenas; sino que eran excomulgados (no podían recibir los sacramentos) ni podían recibir servicios religiosos en su funerales. Además, de crueles torturas y castigos que muchos recibían por el simple hecho de no aceptar los postulados de la fe católica.

Aunque la mujer es igual al hombre ante los ojos de Dios, para la iglesia católica, las "hijas de Eva"; deben obediencia a sus maridos. No tienen derecho a ejercer autoridad ni a dirigir el culto. Por un lado se eleva el papel de la mujer como modelo de pureza y soporte de la familia, simbolizado en la virgen María; y por otro lado, la mujer es vista como la parte débil del ser humano, inclinado al pecado; susceptible a la tentación del maligno; por lo cual, para purificarse, la mujer del medio-evo debía apartarse del mundo y dedicarse a servir a Dios, a la iglesia y a los pobres. Así nace la fundación de órdenes y monasterios.

El más famoso fundador de dichos casas de entrega y oración, fue el monje Benedicto (530 D.C), quien estableció una cadena de conventos y monetarios a lo largo y ancho de toda Europa. Como la sociedad civil carecía de hospitales, escuelas y programas de servicios sociales; los monjes y las monjas de los conventos y monasterios ofrecían estos servicios a la sociedad; fue así como nacieron los primeros hospitales, escuelas, universidades y centros de asistencia a las pobres, los huérfanos y los desamparados. Juntamente con dichos servicios la Iglesia llevaba sus compañas misioneras a los pueblos conquistados.

El Catolicismo ejerció un papel hegemónico en el desarrollo y expansión de la cultura occidental; bajo su sombra surgirían estilos nuevos de Arte y Arquitectura, tales como: El Barroco, gótico y Renacentista. Sus más notables exponentes contaron con el patrocinio de la Iglesia. Monjes católicos desarrollaron las partituras de la música moderna occidental ejerciendo una gran influencia en el desarrollo y evolución de la música clásica Europea. Dos hechos históricos que se desarrollaron en el seno de la Iglesia Católica que iban a dar un giro al curso de su historia, fueron las cruzadas y la reforma.

En 1095 D.C el papa Urbano II solicita a los obispos y a la nobleza de Francia y Alemania ayuda para combatir a los turcos. Miles de caballeros armados con la espada y la cruz emprenden la primera campaña, con el objetivo de llegar hasta Jerusalén para rescatar los lugares sagrados para el Cristianismo. Los motivos de los cruzados eran muy variados. Muchos caballeros iban tras la conquista de tierras y riquezas; otros para escapar de las problemas y no pocos en busca de aventura simplemente.

La rivalidad entre el imperio bizantino y los comerciantes venecianos produjo el ataque a Constantinopla de 1204 D.C; después de tres días de ataque la ciudad cae en manos de los comerciantes venecianos; los Cristianos del oeste europeo la gobernaron por 50 años. En los años de 1260 D.C. un emperador bizantino la recuperó; pero en 1453 D.C Mohamed II, conquista la cuidad de Constantinopla y la nombra Estambul; la cual se convertiría hasta hoy día, en centro importante de la cultura Islámica. Mientras estos hechos se desarrollaban en el este de Europa, en el oeste la monarquía se fortaleció en los reinos de Francia, España e Inglaterra.

Aunque en los primeros siglos del medio-evo, la Iglesia y los nobles solían tener más poder que el rey; tenían sus propias cortes, colectaban sus propios impuestos y organizaban sus propios ejércitos; lo cual, produjo una rivalidad permanente entre la monarquía, la Iglesia y los nobles, sus aliados. La presión de los nobles obligó al rey John de Inglaterra a firmar la carta magna en 1215 D.C. en cuyo texto se reconocían los derechos feudales de la corona; los privilegios de los barones, los derechos del pueblo en general y los privilegios de la iglesia.

La carta magna afirma que los nobles tienen ciertos derechos; con el tiempo los derechos concedidos a la nobleza serían extendidos a todos los ciudadanos ingleses. Dicho documento especificó también, que la monarquía debe obedecer la ley. También aclara que los derechos del pueblo están protegidos por la carta magna. Y por último, que el rey no puede aumentar los impuestos sin consultar a la Iglesia y el gran consejo de los grandes señores (Lords). En los años subsiguientes dicho consejo se convirtió en el parlamento Inglés.

El propósito lógico era limitar el poder del rey y al mismo tiempo controlar las demandas de la población. De esta manera se puso fin a los conflictos y enfrentamientos entre nobles, Iglesia y monarquía; la clase media emergente y la población en su conjunto solo participaba apoyando a un sector u otro en las disputas y luchas parlamentarias, por el momento. Lo cual, obligó a la creación de una cámara baja llamada" casa de los comunes", compuesta por los caballeros y la clase media.

En Francia en cambio, en 1302 D.C. Felipe IV estableció un sistema de gobierno similar al parlamento inglés, llamado "estados o clases sociales de la sociedad feudal francesa": compuesto por la Iglesia (clérigos), nobles y pueblo en general. Felipe IV se enfrentó al papado de Bonifacio VII, trató de imponer impuestos a la Iglesia, ordenó el arresto de aquellos clérigos que se negaban a pagar impuestos al rey. Destituyó, persiguió y eliminó al papa Bonifacio y trasladó la sede papal a Avignon, Francia.

En España la fusión de los reinos de Castilla y Aragón no solo abrió las puertas a un estado unificado, sino que las fuerzas de ambos monarcas lograrían completar la reconquista de Granada en 1492 D.C., poniendo fin a la lucha contra los musulmanes. Nos dicen los autores de "Historia Universal," conexiones hasta hoy", que "bajo el gobierno de los musulmanes, España gozó de una tradición de tolerancia religiosa. Cristianos, Judíos, y Musulmanes vivían allí en relativa paz".[55] El reinado de Isabel, la católica, puso fin a este estado de tolerancia; apoyada por la inquisición emprendió una feroz persecución contra judíos y musulmanes. Más de 150,000 personas tuvieron que emigrar de España para escapar de la inquisición.

Todos estos cambios traerían una aguda crisis, escándalo y división en el seno de la Iglesia católica en los últimos siglos de la edad media. Separadas de la Iglesia católica en el siglo XVI, las Iglesias protestantes o reformadas se constituyeron en todo un movimiento cristiano que se ramificó en varias denominaciones. Su principal exponente, Martin Lutero, escribió 95 tesis o postulados en contra de la Iglesia católica, los cuales rápidamente fueron distribuidos en toda Europa, abriendo un amplio debate.

---

55 P. Hall: Historia Universal O.C 223

Lutero fue conminado por Roma a desistir de sus reclamos y a rectificar sus conceptos; pero este respondió con argumentos más radicales tales como: renuncia a la tiranía de Roma: "como la Iglesia no puede reformarse a sí misma, el escribió, debe ser reformada por las autoridades civiles".[56] En 1521 D.C. Lutero fue excomulgado por la Iglesia Católica. El emperador Carlos V, lo declaró prófugo de la justica y ordenó que nadie le ofreciera alberque, ni alimento. Pero ya Lutero había conseguido miles de seguidores y poderosos partidarios. Uno de estos, el príncipe Federico de Saxony, lo refugió en su castillo de Wartburg, donde permaneció cerca de un año escondido.

Sus enseñanzas y sermones encontraron terreno fértil en Alemania y Escandinavia. Un notable número de príncipes alemanes abrazaron los conceptos religiosos de Lutero y los tomaron como bandera de lucha contra la iglesia y contra el sagrado emperador Romano que los dominaba. Otros tomaron los reclamos de Lutero como oportuna brecha para recuperar las propiedades que tenía la Iglesia en sus territorios. Otros tomaron sus ideas como una causa nacionalista. Ya estaban cansados de ver como el dinero del crario público alemán era usado por la Iglesia para sus fines y como iba a parar a los bolsillos de los clérigos Italianos.

El impacto político y social de los ideas de Lutero produjo la rebelión del campesinado en Alemania. En 1524 D.C. los campesinos protagonizaron violentos enfrentamientos con las autoridades demandando el fin de la servidumbre y otros cambios socio-económicos. Cuando la rebelión se tornó violenta, Lutero la denunció y pidió a los nobles que la combatieron. Estos cumplieron con su solicitud con gran brutalidad. Entre 75 mil a cien mil personas fueron asesinadas y unas 50 mil quedaron sin hogar.

---

56 Prentice Hall – Historia Universal O.C 355

El Emperador Carlos V trató de obligar a Lutero a regresar a la Iglesia Católica; consiguiendo que los príncipes alemanes firmaran en 1555 D.C. el tratado de paz de Augsburgo en el cual cada príncipe decidió, que tipo de religión quería para su estado si el Luteranismo o el Catolicismo. La mayoría de los estados del Norte de Alemania eligieron el Luteranismo, mientras que los sureños optaron por continuar a la sombra de la Iglesia católica. Entre los reformadores que precedieron a Lutero el más notable fue Juan Calvino, quien al igual que Lutero sostenía que la salvación se obtiene solo por la fe, y la Biblia es la única fuente de verdadera religión. Organizó una teocracia en Génova, estableciendo una estricta moralidad y una comunidad protestante modelo que serviría de inspiración a los demás calvinistas en toda Europa.

En Inglaterra en cambio desde los años 1300 D.C. se habían levantado líderes religiosos como J. Wycliffe, demandando una reforma religiosa. Pero la hoya de la reforma vendría a reventar por razones políticas. Enrique VIII de Inglaterra puso fin al control papal sobre la Iglesia Inglesa en 1534 D.C; cuando el parlamento Inglés lo nombró como "cabeza de la Iglesia Inglesa en la tierra." Fundando una nueva Iglesia en Inglaterra llamada" Iglesia Anglicana", que hoy día cuenta con millones de adeptos en Europa y Estados Unidos principalmente. Sería la reina Isabel quien consolidaría la Iglesia Anglicana. Los más radicales reformadores protestantes quienes abrazaron las ideas de Lutero y Calvino fueron los anabaptistas.

Estos abogaban por cambios sociales radicales, tales como: abolición de la propiedad privada, separación de Iglesia y estado, tolerancia religiosa. En el campo religioso la reforma más importante por la cual abogaron fue por su oposición al bautismo de los niños. El descubrimiento y conquista de las américas traerían una extensa y fuerte expansión del cristianismo en todas sus formas. Ya que el papel protagónico que jugaron dos reinos tan fuertes como España y Portugal, terminaron imponiendo el Catolicismo y la cultura de Europa en todos las Américas, Asia, y Oceanía; y más tarde, en parte de África.

Exploradores, misioneros y conquistadores españoles y portugueses llegaron a territorios tan remotos como Japón, Filipinas y Oceanía, transformando sus sociedades y estableciendo un nuevo sistema socio-económico y político. El régimen colonialista creó situaciones de explotación y esclavitud tan cruel e injusta, que obligó a líderes de la iglesia Católica a enfrentarlos. Bartolomé de las Casas y Francisco de Vitoria llevaron el debate de los derechos humanos de los Indígenas a las cortes Europeas, logrando que se crearan nuevas leyes en Burgos y Valladolid en el s. XVI. Aunque muchos historiadores culpan a la Iglesia Católica de no haber hecho lo suficiente para liberar a los indígenas y abolir la esclavitud.

El criticismo de los enciclopedistas y la ilustración en el siglo XVII y XVIII cuestionaron el poder y la influencia de la Iglesia católica. Por su parte la revolución francesa trajo la separación de poder entre Iglesia y estado, creando por primera vez la brecha al pluralismo religioso. Aunque la revolución francesa abogaba por la destrucción de las Iglesias y el establecimiento del culto a la razón. En la edad moderna la creación de la sociedad capitalista produjo una serie de regímenes anticlericales que traerían persecución e intolerancia religiosa, que tendrían como centro principal a católicos y protestantes.

Muchos líderes religiosos enfrentaron la miseria y explotación que traería la edad industrial con la creación de sindicatos y sociedades, como la de san Vicente de Paul (1833 D.C.), que cuenta con más de un millón de miembros y asiste a las comunidades pobres en 142 países del mundo. San Juan Bosco, quien junto a María Mazzarello, fundó los hermanos salesianos y el instituto de mujeres Católicas respectivamente, los cuales cuentan con millares de miembros en todo el mundo.

La madre Teresa de Calcuta, premio Nobel de la paz (1997) por su trabajo humanitario entre los pobres de la India. El obispo Carlos F. Ximenes Belo, premio Nobel de la paz (1996) por sus esfuerzos a favor de una solución pacífica en el conflicto del este de Timor; y muchos otros líderes cristianos que dirigen obras de caridad y evangelización en todas las comunidades segregadas y marginadas de la sociedad capitalista en el mundo entero. Entre las dos últimos décadas de nuestro siglo XXI, el escándalo que ha sacudido los altares y llevado a la opinión pública a criticar la política del celibato de los clérigos católicos, y que le ha costado millones de dólares a muchas comunidades Católicas especialmente en Estados Unidos, ha sido el abuso de menores, cometido por miles de clérigos Católicos.

En conclusión hemos aprendido en este vistazo a las religiones, que el fenómeno religioso ha tomado diferentes formas en cada cultura. Unos basan sus creencias, ideas y teorías en la fe o relación personal con Dios; y otros en cambio, se basan en la práctica o consecuencia de esa fe. Unos se enfocan en la experiencia subjetiva de una religión individual, otros en una práctica colectiva o culto. Otras consideran las actividades de la comunidad como centro de su fe, unas han creado toda una cosmogonía de leyes, ética, filosofía, gobierno y culto. Otras en cambio, defienden la libertad y experiencia religiosa individual a pesar de su pertenencia al grupo.

Todas defienden la espiritualidad como centro de perfeccionamiento del ser humano; y como medio para la creación de un ámbito de paz, de bienestar y convivencia. Pero la experiencia histórica en el desarrollo de las religiones nos enseña que dichos ideales no se han obtenido a consecuencia de la manipulación y abuso de la religión, para someter y dominar; para extorsionar y subyugar a los pueblos, a la voluntad e intereses de un líder, de un grupo determinado, o de una ideología. Todo esto escatimando y lesionando el espíritu mismo de tal o cual fe religiosa.

Tenemos que reconocer también el aporte que las religiones han hecho al mundo del arte, la música y la literatura; y a la consolidación de instituciones como la familia, la educación y gobierno. En la mayoría de los lenguajes, la palabra "religión" significa "ley universal" y en las religiones monoteístas los conceptos básicos de la religión son inspirados. Unas religiones defienden sus principios como "reglas o leyes de fe"; otras como normas o leyes éticas. Pero práctica y creencia (fe) en la divinidad; respeto y adoración como norma religiosa son la respuesta que todas las religiones han ofrecido a la eterna interrogante: *¿qué hay más allá de nuestra vista, de nuestro conocimiento, experiencia y muerte?*

El pluralismo religioso tan ansiado en todas las comunidades y credos religiosos solo será posible cuando, más allá del respeto y tolerancia, mas allá de las declaraciones y buenos deseos de muchos, se tomen acciones y prácticas religiosas que conduzcan a compartir espacios, ideas, causas y proyectos en común. A educar a los seguidores de cada religión en el espíritu de la convivencia y el respeto mutuo. Cuando se decida tomar la religión no como excusa de intereses particulares, sino como guía de superación y realización de las aspiraciones más nobles del ser humano. Cuando la religiones dejen de ser fronteras de separación y se conviertan en centro de convivencia, de encuentro y tolerancia.

Capítulo IV

Sistemas políticos y Organización social.

Un sistema político se define como el conjunto de instituciones, sus relaciones internas, sus normas y leyes que los rigen; así como las funciones que desempeñan en el seno de la sociedad. Se puede definir también como el grupo de organizaciones que detentan el poder en una sociedad. El sistema político tiene como función principal mantener el orden y la seguridad de todas los componentes (individuos e instituciones) de una sociedad. Así como también hacer posible que las instituciones y los ciudadanos individuales compartan los privilegios y obligaciones que implica toda convivencia social.

El sistema político de una organización social establece los límites, las fronteras comunes y las obligaciones mutuas de los gobernados, en una sociedad. Los antropólogos, nos dice Wikipedia, reconocen cuatro tipos de estructuras o formas de organización social que se han sucedido en la historia. Dos son centralizadas y dos descentralizadas.[57] Las dos descentralizadas son las bandas, los clanes y las tribus. Las dos centralizadas son el chiefdom y el estado. El clan o banda se compone de pequeños grupos de personas con intereses y necesidades comunes. Cuya integración generalmente está ligada por lazos de consanguineidad. Se suelen desintegrar cuando algunos de sus miembros la abandonan.

---

57 Wikipedia. Sistema Politico. http: en Wikipedia org. wiki-political system 9/15/2011 p.3

La tribu: Está compuesta de varias familias que comparten en sociedad valores, costumbres, necesidades y formas de gobierno. Muchas tribus están subdivididas en bandas.

El chiefdom: es un sistema político centralizado más complejo que la banda o la tribu y menos complejo que un estado o una civilización, se caracteriza por ser una élite, o una clase gobernante descendiente de un linaje familiar. Una unidad política autónoma compuesta por un conjunto de pequeños pueblos o comunidades que siguen los consejos y directrices de un jefe.

El Estado: Es una estructura u organización social centralizada, con un territorio definido, en cuyos límites rige un gobierno con capacidad de establecer relaciones de negociación y convergencia social, política y cultural con otros estados soberanos; cuyo objetivo principal es garantizar el orden, la convivencia y seguridad a la población que lo componen.

En la historia que nos ha precedido, han surgido varias formas de gobierno que han regido la vida social en distintas épocas y lugares, las más conocidas son: Monarquía-Aristocracia-Democracia Parlamentaria-Oligarquía-Sultanato y Dictadura. Cada una de ellas ha gobernado con un sistema socio-económico y político que va desde la explotación esclavista hasta el modo de producción capitalista como plataforma ideológica.

El pluralismo ideológico como sistema socio-economico, político y cultural no ha logrado (o incluso no ha intentado quizás) establecerse en ninguna de estas formas de gobierno, o mas bien, deberíamos decir que son incompatibles y hasta contrarias al PLURALISMO como sistema ideológico, a excepción claro, de la DEMOCRACIA, en sus dos versiones: Democracia Parlamentaria y Democracia Representativa.

Hoy en día nadie puede negar que de todas estas formas de gobierno ejercidas hasta la fecha, la única capaz de ofrecer un espacio en el ámbito político, para el establecimiento del PLURALISMO, como plataforma ideológica es la DEMOCRACIA. Pero a pesar de ser reconocida, por una gran mayoría de cientistas sociales y por los mas connotados líderes políticos de actualidad, como la forma de gobierno más práctica y funcional, como el más idóneo instrumento político para satisfacer las aspiraciones de las mayorías y el mejor soporte para la defensa de los derechos humanos; esta no ha logrado una participación plena y real de todos los sectores, clases, grupos o asociaciones que conforman el colectivo social.

La democracia o "gobierno del pueblo", como la llamaron los griegos, sus creadores, en sus dos versiones mencionadas: Parlamentaria y Representativa, ha estado regida muchas veces, por preacticas políticas de medias verdades o verdades a medias (como dijimos en la p.25) la cual supone el uso del vicio político de la demagogia, como justificación y soporte de acciones e ideas políticas equivocadas y a veces hasta dañinas.

Por tanto, el verdadero ejercicio político democrático en una sociedad abierta y multicultural, es decir, pluralista, supone el establecimiento y ejercicio del pluralismo ideologico, como filosofía política. No puede existir pues, una auténtica democracia sin pluralismo, ni viceversa. Según Marx, lo que define un sistema político son las relaciones sociales y las relaciones sociales de producción que se establecen en las clases sociales de un conglomerado social. Los dos sistemas socio-económicos preponderantes hoy en día, son capitalismo y socialismo. No pretendemos hacer un estudio detallado de cada uno; sino simplemente visualizar sus características principales y su impacto en nuestras vidas y nuestro mundo actual.

4.1 Capitalismo.

Dos hechos sin precedentes en la historia del mundo marcan el inicio del capitalismo. Éstos son el inicio de la revolución industrial, que surge en Inglaterra a partir de 1750, con el invento de la máquina de vapor; y el resurgimiento de mercantilismo en Europa; Lo cual crearía la aparición de una nueva clase social, los comerciantes y empresarios, quienes a partir de una "acumulación originaria" de capital (como la llama K. Marx), empiezan a invertir en negocios, tales como: minas, barcos, factorías y medios y vías de transportación; creando la condiciones para el incremento en la producción de bienes de consumo masivo y abriendo las puertas no solo al intercambio comercial, sino al crecimiento económico, la diversificación de la producción y al nacimiento de una nueva estratificación social.

El diccionario Webster's define el capitalismo como un sistema económico que se caracteriza por la posesión privada o corporativa de bienes de capital, de producción y distribución de bienes destinados a competir en un mercado libre.[58] A esto agrega B.R Scott, que el capitalismo está compuesto por actores a quienes se les permite poseer y controlar el uso de la propiedad de acuerdo a sus intereses,[59] Agrega además, que existe una mano invisible en el capitalismo que coordina el mecanismo de los precios en la balanza de la oferta y la demanda, que opera automáticamente en los mercados a favor de la sociedad.

Existe una mano explícitamente visible manejada por el gobierno, su legislación y su burocracia. "Mientras que los mercados coordinan la oferta y la demanda con la ayuda de la mano invisible a corto plazo en una perspectiva casi estática; el gobierno, coordina la modernización de las estructuras de los mercados, de acuerdo a las cambiantes circunstan-

---

58 M. Webster's D. O.C 76
59 Scott, Bruce R. Capitalismo, Democracia y Desarrollo (Wikipedia June, 27, 2206}.

cias, cambiantes percepciones de costos sociales y beneficios.[60] En tal perspectiva señala que el gobierno tiene dos diferentes funciones: una de ser administrador de las estructuras institucionales existentes; incluyendo la provisión de infraestructura y administración de leyes y regulaciones, otra de movilizar el poder político para obtener la modernización de dichas estructuras con sus circunstancias y prioridades sociales de cambio.

Nos dice la Enciclopedia Británica, "La ciencia de la economía va ligada históricamente al auge del sistema capitalista moderno". Ningún pensador concibió la idea de un sistema económico completo, que funcionase según unas leyes fijas y universales, y por tanto, susceptible de ser comprendido y alterado en su funcionamiento por la voluntad humana.[61] Fue con la aparición del libro de Adam Smith (1776) titulado: "Investigación sobre la naturaleza y causas de la riqueza de las naciones," cuando nace el estudio de las leyes que gobiernan el mercado de bienes de capital y de servicios en la sociedad actual.

Smith por primera vez analiza como el comportamiento del ser humano, como" hombre económico" tiene como objetivo la optimización de los recursos disponibles independiente de las voluntades individuales. Para A. Smith una "mano invisible" gobierna el proceso económico y lo dirige para beneficio del bienestar general, dando pie a la elaboración de una ciencia económica, propuesta por sus sucesores, para quienes el mundo económico, era un modelo cerrado, estático y libre de interferencias humanas. En el cual la voluntad humana se reducía a leyes expresadas en ecuaciones matemáticas` y el supuesto comportamiento invariable de la mano invisible que rige el mecanismo de los precios y la ley de la oferta y la demanda.

---

60 Scott -Ibidem
61 Encyclopedia Hispánica. USA 1994 pg. 146

Frente a esta tendencia científica determinista y reduccionista, surgió la crítica de economistas que proponían una verdad científica económica, basada en la valoración del ser humano y la necesidad del cambio social por encima del sistema económico. El sistema capitalista es un sistema de gobierno indirecto en el cual actores privados son investidos de autoridad política para poseer y controlar los medios de producción, los bines de capital y los recursos del estado para beneficio propio; los trabajadores son libres aparentemente, para vender su fuerza de trabajo al mejor postor; es decir, libres para trabajar por un salario o paga.

El inversionista o el capital son libres de invertir en los negocios o asuntos que les garanticen o al menos les prometan beneficio o ganancia. Trabajo y capital son libres de participar o compartir una línea determinada de negocio o de renunciar o abandonarla a su conveniencia. El capitalismo depende del mecanismo de los precios para equilibrar la supuesta balanza de la oferta y la demanda. Está sujeto a la motivación de la ganancia para localizar recursos y oportunidades con que puedan competir los inversionistas. Está sujeto a las leyes y regulaciones de una autoridad política que las establece tomando en cuenta los costos y beneficios sociales de los mismos.

El desarrollo del capitalismo se ha edificado sobre la inversión en nuevas tecnologías que incrementan la productividad de los bienes y servicios que la sociedad demanda. Una pregunta obvia salta a la vista: *¿La oferta crea la demanda o es necesaria la demanda de un producto para aumentar su oferta?* Es decir, cuales son las fuerzas o tendencias que crean el mercado capitalista? Satisfacción de necesidades? Demanda inducida? producción y consumo no siempre van de la mano.

En el proceso de desarrollo del capitalismo el gobierno interviene como administrador y como empresario, su intervención es indirecta. Está destinada a crear, legitimar, administrar y modernizar las estructuras de los mercados, a fin de propiciar las condiciones socio-económicas que permitan armonizar las demandas del capital y del trabajo. Así como la distribución equitativa de los bienes y servicios que satisfagan la demanda de la sociedad. Los actores económicos del sistema capitalista reciben el derecho de usar su poder para competir con otros, siempre que cumplan con las leyes y regulaciones establecidas por el gobierno.

"El capitalismo contrasta con sistemas económicos precedentes basados en el trabajo forzado, la auto-suficiencia, el trueque, y la relaciones basadas en lazos de familia, en relaciones tribales o relaciones conocidas localmente y contrasta con sistemas económicos recientes donde los gobiernos actúan directamente a través de la posesión de la propiedad, la planificación, control y uso de los recursos."[62] El éxito del capitalismo, su crecimiento y desarrollo, se basan en el poder que concede el estado a los actores privados para competir en un mercado libre. Poder que es regulado por la ley a fin de evitar el abuso del poder. Leyes que son aplicadas por el poder correctivo del estado. El desarrollo del capitalismo se basa en el monopolio de los poderes del estado sobre la sociedad civil y sobre los actores económicos del sistema capitalista; cuyas transacciones son reguladas por un sistema financiero basado en el uso de cheques y balances; controlados y vigilados constantemente por las tres poderes del Estado (ejecutivo, legislativo y judicial); distribuidos y administrados de acuerdo a los niveles de gobierno establecidos. Dichos poderes son ejercidos por líderes políticos elegidos en

---

62 Scott, O.C 4

lides supuestamente democráticas, por la sociedad civil. En el capitalismo el estado tiene carta abierta para recaudar impuestos de las transacciones y bienes, producidos y distribuidos en el mercado; a fin de garantizar a la población de obras públicas e infraestructura necesarias que le permitan el mayor desenvolvimiento y bienestar socio-económico a los diferentes estratos sociales.

El capitalismo tiene como objetivo fundamental de su actividad, aumentar la productividad a fin de suplir la demanda de bienes y servicios, pero sobre todo, incrementar la ganancia o el capital. Esta premisa supone que el desarrollo capitalista está destinado inevitablemente a promover desigualdades entre capital y trabajo; y a usar los recursos de capital, tecnología, trabajo, y conocimientos de acuerdo al mecanismo de los precios que establece en el mercado el factor económico de la oferta y la demanda; para ello el sistema capitalista se basa en mercados organizados en torno a un grupo de instituciones que regulan las distintas ramas o actividades comerciales del mercado. Recursos como: el crédito, los intereses, los seguros, los bancos, los beneficios e incentivos laborales, son factores económicos destinados a dinamizar la economía capitalista e incentivar la producción de bienes y servicios.

El desarrollo capitalista se caracteriza por incremento de economías de mercado, en los cuales la curva de la oferta ha superado a la demanda. No es menos cierto, sin embargo, que los bienes de consumo masivo, el retorno del capital y la riqueza que el trabajo ha producido hayan sido acaparados por un segmento ínfimo de la población, dejando fuera de su disfrute y posesión a las grandes mayorías de la población mundial.

La desigual distribución de poder y capital no solo, ha creado la clásica división de clases sociales, sino, que ha creado fronteras socio-económicos, políticas y culturales entre las naciones'; creando polos de desarrollo socioeconómico y tecnológico por un lado, y subdesarrollo, pobreza y marginalidad en los llamados países del tercer mundo. El desarrollo de un modelo neo-liberal que se ha aplicado en los últimas décadas como remedio a la crisis del capitalismo, ha venido a incrementar el monopolio, concentrando aún más los bienes de capital y las actividades financieras en manos de una minoría de emporios capitalistas que tienen control del mercado a través de las políticas de globalización aplicadas en la actualidad. Esta situación ha venido a golpear más a la clase obrera, ya que ha aumentado el desempleo, ha incrementado los precios y ha congelado los salarios.

En definitiva, el modelo Keynesiano de aplicar la intervención del estado a fin de vigilar y corregir los fallos del sistema de libre comercio y de competencia, fundada en la iniciativa privada, no produjo los frutos esperados de un crecimiento económico sostenido y armónico; mayor bienestar y el fin de las desigualdades sociales y económicas. Dos ingredientes o situaciones políticas y socio-económicas a partir del 1970 vendrían a incrementar la brecha que separa a ricos y pobres dentro de cada país, y a los países desarrolladlas o del centro de los sub-desarrollados o en vías de desarrollo, o de la periferia: el aumento de los precios de los hidrocarburos y el incremento de la deuda externa.

"La dinámica del desequilibrio centro- periferia, que caracteriza el sistema económico mundial a finales del S.XX amenazaba con aumentar más todavía las diferencias entre los seres humanos según el rincón del planeta en que habitaran".[63] Lo cual ha ge-

---

63 Encyclopedia Britannica, O.C 151

nerado una serie de iniciativas políticas que pretenden frenar los procesos de cambio socio-económico que muchos países han asumido como alternativa no capitalista. El proceso de desarrollo capitalista ha sido analizado por economistas e historiadores en las últimas décadas, a partir de las diferencias que este muestra en las diferentes regiones, países e instituciones involucrados en su quehacer. Según dichas posiciones geográficas, el capitalismo ha tomado alternativas y decisiones políticas de acuerdo al grado de desarrollo socio-económico, político y cultural de cada colectivo social; de acuerdo a sus características y perspectivas haciendo ajuste de sus tendencias y capacidad de adaptarse a la propuesta capitalista.

Así por ejemplo: En países del tercer mundo; (África, América Latina y Asia) políticas de mercado libre coexisten con estructuras y prácticas pre-capitalistas de mercado. Sin embargo, dichos ajustes no dejan de producir procesos de intercambio desigual entre materias primas y bienes de consumo y tecnología producidos por los países desarrollados y distribuidos en retorno en los países en vías de desarrollo.

Otra característica importante que muestra el control del mercado, de la política y el sistema económico capitalista por las grandes cooperaciones o emporios económicos internacionales, es el sistema financiero, cuyas actividades favorecen abiertamente el gran capital, pues el control que ejerce el dinero va más allá de su propósito original de ser un instrumento de intercambio comercial. En principio es un signo de pago de un bien o servicio material o de valor monetario que sirve de medida en las transacciones del mercado; y de compra y venta de la fuerza de trabajo o labor prestada; valor y medidas que sirven de instrumentos de intercambio en el sistema financiero; valor también que se materializa a través del precio que se da a los metales preciosos.

La labor física incluye además la valoración de conocimientos, habilidades y capacidad administrativa de los trabajadores y empleados que se involucran en los procesos de producción y en las tareas de servicios administrativos, industriales y financieros. Varios economistas capitalistas arguyen que la libre competencia en el capitalismo es un requisito tan necesario como lo es la libertad política. Milton Friedman, F, Hayek, y J.M Keynes, creen que el capitalismo es vital para que la libertad política sobreviva y florezca. En cambio, los críticos del capitalismo reconocen que este se asocia con la injusta distribución de riqueza y poder que rigen al mundo moderno.

El capitalismo tiende a fomentar también el monopolio de los mercados y el oligopolio (es decir gobierno de la oligarquía o de las élites adineradas).

Imperialismo, guerras contrarrevolucionarias y varias formas de explotación económica y cultural.

Represión de la clase trabajadora y de sus movimientos reivindicativos.

Alienación y marginación social.

Desigualdad económica.

Desempleo y sub-empleo.

E inestabilidad económica.

La globalización socio-económica, cultural y tecnológica tiende a acentuar el desempleo y la desigualdad social.

Los defensores de la revolución verde o del medio ambiente, arguyen que el capitalismo requiere un crecimiento continuo que implica necesariamente el deterioro y creciente degaste de los recursos naturales del planeta. La transformación del sistema capitalista requiere de un cambio de las estructuras socio-económicas y políticas de los mercados, de las instituciones y del sistema financiero existente.

El movimiento "ocupa Wall Street" que se inició en New York en septiembre de 2011 y que se extendió a todos los Estados Unidos y parte de Europa está exigiendo un cambio en las leyes y políticas que rigen las actividades económicas y financieras de las multinacionales. Inevitablemente estas protestas han de producir cambios políticos y económicos; pero la misma carece de un soporte filosófico e ideológico que los sustente, vacío que el pluralismo ideológico y económico puede llenar.

4.2. Socialismo.

El sistema socio-económico socialista se basa en la propiedad pública o en cooperativas independientes de los bienes de producción. En el mismo, la producción está destinada a producir valores de uso, en vez de enfocarse en la producción de ganancia. El mismo, se basa también, en un sistema de economía planificada y su contabilidad, se basa en el cálculo del tiempo de trabajo.

Existen diferentes escuelas o modalidades de economías socialistas, con diferentes enfoques y propósitos; entre otros se destacan: la economía socialista planificada, economía marxista, socialismo científico, el socialismo democrático, el mutualismo, comunismo, socialismo anarquista, socialismo de estado, socialismo Ricardiano, el socialismo combinado con mercado libre, socialismo del siglo XXI., socialismo combinado con aspectos del capitalismo neoclásico. El objetivo básico de una economía socialista es producir bienes y servicios destinados a suplir las necesidades de la población; mientras que el sistema, socio-económico capitalista está destinado a generar ganancia e indirectamente suplir las necesidades que demanda el mercado. Es decir, que la producción capitalista induce o tiende a crear necesidades; crea un mercado de consumo; para asegurarse una demanda de productos distribuidos con el objetivo de producir o generar capital.

La economía socialista planea y coordina la producción de bienes y servicios; no crea los mercados paralelos, ni los ciclos de mercados inherentes al capitalismo. En su mayoría las teorías socialistas aplican la planificación solo al proceso de producción no a la distribución en el mercado de los bienes y servicios. La propiedad de los bienes de producción varía de acuerdo a cada teoría socialista. Esta puede ser propiedad pública o administrada por los usuarios o productores de una propiedad productiva o a través de una cooperativa de trabajadores. Pueden ser apropiadas por una sociedad administrada y controlada por los mismos trabajadores (auto-gestión).

Algunos sistemas económicos socialistas han sido tildados de ser burocracia colectivista; otros de capitalismo de estado y algunos hasta de estado de los trabajadores deformados. La presencia de una nueva "élite" en los niveles administrativos de las fábricas e instituciones del estado ha llevado a muchos socialistas a concluir que no existen relaciones de igualdad en dichos lugares de trabajo. Una economía planificada es un mecanismo para la asignación de datos y decisiones basadas en la distribución directa, en contraste con un mecanismo de mercado que se basa en la distribución indirecta. Asigna los recursos y bienes de capital de acuerdo a las necesidades existentes. Las decisiones son tomadas por los trabajadores y consumidores a nivel empresarial. Una economía planificada no es sinónimo del concepto soviético de "comando económico", el cual se basa en la administración burocrática de la economía por una agencia central que formula, controla y dirige las decisiones y políticas de todas las unidades productivas de la nación.

Muchos defensores de la economía planificada han criticado el comando económico y la planificación centralizada. Entre ellos está León Trotsky, quien cree que los planificadores centrales, a pesar de su capacidad intelectual, operan sin el sentir y la participación de millones de personas que intervienen en el proceso económico y conocen mejor los cambios y condiciones locales de cada comunidad y la empresa. Por lo cual, los planificadores de una economía centralizada carecen de efectividad a la hora de coordinar la economía pues desconocen esa información informal.

La planificación de la producción en la economía socialista está dirigida a mejorar la eficiencia del proceso productivo; en cambio en la economía capitalista la misma pretende aumentar la acumulación de capital. En tal sentido, la meta de la economía socialista es neutralizar el avance del capital, coordinar la producción de bienes y servicios a fin de satisfacer directamente la demanda y eliminar los ciclos de los negocios; así como la crisis que producen la sobreproducción capitalista que se basa en la acumulación de capital y la propiedad privada de los medios de producción.

Mediante la entrega de los medios de producción a manos de los trabajadores, el socialismo pretende eliminar la explotación del trabajo asalariado. Asegurar el libre acceso a los medios de subsistencia, es un requisito para la libertad individual y el poder de decisión política. Lo cual garantiza el desarrollo de los individuos y de sus talentos sin ser obligados a vender su fuerza de trabajo; ni manipulados por una élite capitalista vía los mecanismos de control social, tales como: el mercado laboral o las instituciones del estado. Ello significa por un lado la desalienación del trabajador y el desarrollo de una fuerza de trabajo libre que va a elevar los niveles de productividad sin ser sometida al proceso de explotación del capitalismo. Cuando la sociedad avanza hacia este tipo de relaciones sociales y de organización económica está en la etapa del comunismo puro. Marx llama la producción del capitalismo "producción anárquica"; por lo cual propone una economía basada en el volar de uso de los bienes y servicios, en vez de su valor de intercambio.

La concepción de Lenin incluye una forma de organización política basada en el control de los medios de producción y del gobierno por un partido que defienda los intereses de los trabajadores. Propone además la ideología hostil hacia otros mercados y políticos de oposición. Propone también la coordinación de la actividad económica a través de una planificación económica centralizada, "comando económico."[64] El concepto del socialismo democrático no se opone a la economía de mercado ni a la propiedad privada de los medios de producción; apoya las causas sociales y trata de aliviar los efectos del capitalismo con la creación de medidas sociales apoyadas por el estado.

Los críticos de la planificación económica centralizada, al estilo del modelo de "comando económico" soviético, arguyen que dicho modelo económico estaba estructurado sobre la acumulación de capital y la extracción de excedentes producidos por la clase trabajadora, destinados a mantener los privilegios de una élite burocrática. Excedentes que están destinados a reinvertir en la economía. Por lo cual, llaman a dichas económicas; "economías capitalistas de estado". Son una variante capitalista más que una economía socialista; basada en el proceso de acumulación de excedentes; y no han trascendido el sistema capitalista.

Los medios de producción en dichas economías no están bajo control de los trabajadores, sino de una élite administrativa- burocrática; por lo cual, consideran dicho modelo como "capitalismo de esta-

---

64 Wikipedía – Socialist Economics 6/23-9/15/2011. http//:en.wikipedia.org/wiki/socialist economics

do o burocracia colectivista." Este análisis coincide con la tesis de Lenin, quien aseguró que la meta de la revolución Bolchevike no era introducir el socialismo; sino, asegurar la producción y el estado bajo control de los gremios de los trabajadores soviéticos. Los estados comunistas reconocidos hoy como tales, alegan que ellos no han alcanzado el socialismo, si no que tienen como meta construir una sociedad socialista en sus países.

Con la caída de la Unión de Repúblicas Socialistas Soviéticas (URSS) y el bloque de Estados Socialistas del este Europeo, después de la crítica de Gorbachoev y su "Perestroika"; aunque muchos de estos estados han mantenido economías de planificación centralizada, han introducido reformas que van desde la introducción de prácticas de mercado hasta el desarrollo del auto-empleo o la creación de pequeños negocios. China por ejemplo, está combinando un sistema económico caracterizado por la propiedad estatal de los medios de producción, con la privatización de muchos negocios y corporaciones, que generaban el 50% del PIB en el 2005. Sin tomar en cuenta el aporte de muchos pequeños negocios que no son registrados, estiman muchos observadores. La mayor parte del sistema socio-económico Chino (que incluye el sector estatal y el sector privado) está gobernado por prácticas capitalistas de libre mercado, incluyendo la operación de un mercado de bolsa de valores. Existen un número importante de firmas privadas, especialmente en el sector de bienes de consumo. La mayor diferencia entre la antigua economía planificada, y la actual participación del sistema de libre mercado, es la privatización de las instituciones del estado.

La antigua economía de planificación centralizada y distribución de cuotas de producción sectorial de bienes fue sustituida en la actual economía china por un porcentaje de subsidiarias de corporaciones estatales, que compiten con el sector privado; dichas corporaciones han contribuido notablemente a dinamizar la economía y aumentar los ingresos por concepto de impuestos. La social democracia que rige las economías de varios países del Oeste Europeo, tales como: Francia, Suecia, Noruega, Holanda, Suiza y otros, se basa en una economía mixta donde el sector privado posee y controla gran parte de los medios de producción y el estado controla y administra el mayor porcentaje del PNB, destinado al desarrollo económico y al bienestar social.

La meta de dicho modelo económico es la combinación del capitalismo privado, con una variable de desarrollo democrático, cuyo objetivo es mejorar la calidad de vida y la igualdad de oportunidades para toda la población. Para ello se basan en la nacionalización de los recursos naturales renovables y no- renovables, como las minas, petróleo y ortos. Redistribución de la riqueza a través de un amplio programa de impuestos progresivos. Protección y ampliación de beneficios y salarios equitativos para los trabajadores. Planificación nacional de desarrollo individual para asegurar un modelo de producción marginal al estilo keynesiano; el crecimiento económico y pleno empleo para la población.

Algunos estados operan con una economía basada en el capitalismo de estado, inspirados en la ideología socialista. Tal como es el caso de Singapur, India y otros. Según los redactores de Wikipedia sobre el socialismo, para Polanyi, este ha pasado por cuatro etapas: El primer periodo, fue el periodo de los teorías utópicas (1780-1850); luego el incremento de la revolución socialista y comunista en el s. XIX como opción al surgimiento de las corporaciones e industrialización en el campo capitalista (1830-1916); tercero, la polarización entre socialismo soviético y las políticas de social democracia, como respuesta (1916-1989); luego la respuesta del socialismo frente al mercado neo-liberal del capitalismo.[65]

El primer pensador europeo en acuñar el término "socialismo", fue Count Henri de Saint-Simón, quien fascinado con el enorme potencial de ciencia y tecnología de la era moderna, abogó por una sociedad socialista en la cual se eliminarían los aspectos del desorden capitalista y promoviera la igualdad de oportunidades. Deseaba la implementación de una economía racionalmente organizada basada en la planificación a escala científica y de progreso material. En cambio, el primer socialista en elaborar una teoría de económica política fue P.J. Proudhon. Otros pensadores socialistas fueron influenciados por los economistas clásicos, especialmente por David Ricardo; para ellos la ganancia, la renta y los intereses debían ser deducidos del valor de cambio de la mercancía.

K. Marx modificó las teorías del valor del trabajo de A. Smith y D. Ricardo en "ley de Valor," y la propuso para revelar como el fetichismo de la mercancía oculta la realidad de la sociedad capitalista. Su teoría que F. Engels llamó "socialismo científico", es una descripción lógica de la producción, consumo y finanza en relación con la moralidad y el Estado.[66] Elaborado básicamente en su obra principal, "El capital"; de la cual Marx completó dos volúmenes y Engels publicó el tercero, después de la muerte de Marx. Este, está considerado como un estudio filosófico, antropológico y sociológico más que un análisis socio-económico del capitalismo.

De cualquier manera, con su propuesta Marx, cambió el curso de la historia moderna y sentó las bases para el surgimiento del socialismo como teoría

65 Idem 13/23
66 Idem 15/23

política y sistema socio-económico que ha regido el destino de millones de habitantes desde hace seis décadas. El socialismo ha pasado por muchas tendencias y propuestas económicas, tales como: Mutualismo, colectivismo, anarco-comunismo, Marxismo, socialismo de estado, social-democracia, el actual socialismo del siglo XXI. Pero, existen diferencias entre revolucionarios y no revolucionarios socialistas.

Los socialistas no revolucionarios se inspiran en los estudios de J. Stuart Mil y de Keynes y los Keynesianos quienes justifican la intervención del estado en una economía de mercado. De acuerdo a los keynesianos, si el ciclo de los negocios puede ser resuelto por la propiedad nacional de las industrias y la dirección de estado en su inversión; el antagonismo de clases puede ser domado efectivamente. Se puede formar un pacto entre el trabajo y los capitalistas.[67] Keynes sostiene entonces, no es necesaria una revolución, en cambio, se puede producir una "eventual eutanasia del que renta."

Algunas teorías socialistas han sido criticadas desde dentro por otras tendencias socialistas. Así por ejemplo: el socialismo libertario, el mutualismo y la economía socialista de libre mercado, critica la planificación económica centralizada y proponen una economía de participación en un mercado abierto y un socialismo descentralizado; pero consideran como necesario un modelo económico basado en las señales de los precios y el cálculo económico racional, para el desarrollo y crecimiento económico. Premisas necesarias para el avance tecnológico y el incremento en la tasa de crecimiento del PNB.

Economistas de la escuela australiana (F.Hayek y L.Van Mises) afirman que la "eliminación de la propiedad privada de los medios de producción inevitablemente crea peores condiciones económicas para

---

67 Idem 17/23

la población general y aquellos que se encuentran participando en economías de mercado."[68] Sostienen además, que sin prestar atención al movimiento de los precios en el mercado es imposible calcular racionalmente los recursos necesarios que se deben invertir.

En otro orden de ideas, los neo-clásicos sostienen que en una economía planificada el problema no es la falta de información, sino la falta de incentivo. El elemento crucial no es la demasiada información, como arguye la escuela australiana, sino la motivación para usar dicha información. Pero dicha critica no evalúa el objetivo básico del socialismo y su eficacia, que es el de evaluar e invertir de acuerdo a las necesidades demandadas; y por tanto, la producción está destinada no a duplicar bienes y servicios para producir más ganancias, sino que se enfoca en la satisfacción de esas necesidades y la búsqueda de un mayor bienestar e igualdad.

---

68 Idem 17/23

Capítulo. V:

La propuesta Pluralista.

5.1 El nuevo Orden socio-económico.

Como vimos en los capítulos precedentes, el pluralismo filosófico, así como el pluralismo político es una realidad viviente que rige el pensamiento político y los teorías filosóficas de actualidad. Igualmente, el pluralismo religioso es una realidad sentida que cuenta con amplios y sólidos antecedentes que justifican su práctica. *¿Pero es posible el establecimiento de un nuevo orden socio-económico con una base pluralista?* También existen antecedentes que apoyan la posibilidad de construir el pluralismo económico como base del nuevo orden que proponemos. Entre otros antecedentes podemos mencionar los siguientes:

La existencia de económicas mixtas que operan en muchos países de Europa occidental.

El movimiento cooperativo que surge en 1844 en Inglaterra con la creación de la sociedad "Rochdale de pioneros equitativos", la cual propuso una serie de normas organizativas y de políticas económicas que han sido adoptadas desde el siglo XIX por miles de asociaciones cooperativas alrededor del mundo. Entre otras, dichas normas incluyen membresía abierta, control democrático, participación no religiosa y apolítica de sus miembros; programas educativos para los asociados, distribución de beneficios y ganancias entre su membresía y créditos y/o financiamientos a bajos intereses. Él movimiento cooperativo opera en mayor proporción en los países con regímenes democráticos y abarcan una amplia gama de negocios como son la vivienda, los supermercados, la salud, los seguros, el ahorro y crédito y otros.

Las cooperativas eliminan a los intermediarios en las cadenas de distribución de bienes y servicios. Logrando que estos lleguen directamente del productor al consumidor; por lo cual, pueden operar con bajos intereses o cobros de servicios, para sus gastos y operaciones. Las empresas cooperativas de autogestión que surgen en sociedades socialistas y que son administradas por los propios trabajadores y cuyos recursos son reinvertidos en favor de las comunidades involucradas en el desarrollo y crecimiento de sus asociados.

Las sociedades y/o empresas mutualistas.

El movimiento de la revolución verde, que propone invertir en empresas energéticas que aseguren el bienestar del planeta. Desarrollo de programas, temas y políticas educativas que concienticen a la población de la necesidad de proteger los recursos naturales y la vida del planeta. Investigación y estudio de las consecuencias del calentamiento global sobre nuestro planeta y nuestras vidas.

Las protestas masivas que recientemente se han desarrollado en países del Norte de África (Egipto, Libia Y Tunisia) y parte de Asia (Yemen y Siria) cuyos participantes han conseguido poner fin a décadas de dictadura en sus países y han abierto las puertas a la instauración de gobiernos democráticos. Proceso que aún está en vía de desarrollo en Egipto y Libia y aún por conseguir su objetivo en Siria y otros, donde todavía dichos protestas están en marcha.

La globalización obtenida por el movimiento "Ocupa Wall Street". Cuyos reclamos y demandas no solo han servido para despertar la conciencia de los grandes mayorías desposeídas; sino sobre todo, para exigir los cambios necesarios que el capitalismo está reclamando a gritos. Es evidente que la avaricia corporativa del 1% de la población mundial ha llevado al 99% de la clase media, de los trabajadores, desempleados y desamparados del sistema a un estado de desesperación. Por lo cual han decidido jugársela en las calles sin temor a la represión, ni la persecución, ni a los maltratos.

¿Pero cuál es el estado actual de la economía en el mundo? ¿Cómo y a quienes favorece?

La crisis financiera a la cual se culpa de la situación actual en que está sumergida la economía mundial, es decir, el capitalismo; se inicia en septiembre del 2008; siete años después de los atentados contra el Centro Mundial del Comercio (World Trade Center) de New York U.S.A. Los indicadores o señales de la crisis actual son:

El creciente número de desempleados, cuyo porcentaje aumenta más y más cada año en la mayoría de los países del planeta.

El incremento del déficit presupuestario indicador de un descenso en la capacidad de pago de la deuda que contraen los gobiernos; y la contracción de la producción de bienes y servicios.

La reducción del ingreso per cápita en la mayoría de los países en vías de desarrollo principalmente, a causa del aumento creciente de los precios de los bienes de consumo diario.

El deterioro de los componentes del mercado financiero, que ha producido un descenso de las inversiones y el desplome de muchos mercados bursátiles en el mundo.

Lógicamente los países que presentan tasas de desempleo más altas son aquellos con índices de ingresos per-cápita más bajos y con mayores niveles de pobreza.

Tasas de desempleo:[69] Existen unos trece países y territorios con tasas de desempleo sobre el 40%; estos son:

Djiboutin:. 59.0%

Cocos Islands (Australia):. 60.0%

Guam (Estados Unidos): . . 56%

Kenya: 40%

Nauru: 90%

Mozambique: 60%

Mamibia: 51.2%
Senegal: 48.0%
Tayikistán: 60.0%
Turkmenistán: 70.0%
Zimbawe: 97.0%
Vanuatu: 78.21%
Swaziland: 40.6 %

*cifras que oscilan entre el 2007-2010.Subministrada por Wikipedia el 11/11/2011.

Estos son los países con índices de desempleo más altos en la actualidad.

Entre los países y territorios en los cuales la tasa de desempleo oscila entre los 20-40% son los siguientes:

American Samoa: 23.8%
Bosnia Y Herzegovina: . . 29.2 %
Comoros:. 20%
Dominica: 23%
East Timor: 20%
Guinea Ecuatorial: 30%

69 http://org.wiki//list of countries by employment rate – 11/11/2011

```
Gabón . . . . . . . . . . . 21%
Palestina: . . . . . . . . . 37.8%
Granada: . . . . . . . . . 24.5%
Honduras: . . . . . . . . 27.8%
Kiribati: . . . . . . . . . 38.2%
Lesotho: . . . . . . . . . 22.7%
Macedonia: . . . . . . . . . 32 %
Mali: . . . . . . . . . . . . 30%
Islas Marshall: . . . . . . 30.9 %
Montenegro: . . . . . . . 20.3%
Serbia: . . . . . . . . . . 27 %
South África: . . . . . . . . 25%
España: . . . . . . . . . 21%
Yemen . . . . . . . . . . 35%
```

* Datos obtenidos en Wikipedia.11/11/2011:Lista de países por tasa de desempleo.

Son un total de 20 países con tasas de desempleo que oscilan entre el 20-40%. Es curioso encontrar en dicha lista a países como España y Montenegro que pertenecen a la unión Europea. En el tercer grupo de países que cuentan con tasa de desempleo que van desde el 10-20% encontramos con un total de 43 países y territorios. Países como Marruecos y las Antillas Holandeses que muestran una tasa de desempleo de un 10% frente a otros más desarrollados como Croacia y Georgia con tasa respectivas de 16.8% y 16.9 %.

En el cuarto y último grupo hemos colocado a los países que cuentan con tasa de desempleo que están por debajo del 10% con un total de más de cien países, pero dentro de dicho grupo solo una pequeña minoría cuenta con tasas de desempleo que están por debajo del 5%, con un total de unos 33 países. Entre los extremos están los que cuentan con las tasas de desempleo más bajas, tales como Mónaco con un 0.0%, Tonga con 1.1%, Kuwait 1.5%, Liechtenstein con 1.5%, Cuba con 1.6%, y Qatar con un 0.5%.

Todos estos estados con mayores oportunidades de empleo son pequeños estados en extensión territorial y en diversidad poblacional. Para mayor información consulte el índice no. 1 sobre tasa de desempleo por país. Frente a estos nos encontramos con las altas tasas de desempleo superiores al 50% como el caso de Zimbawe con un 97.0%, Vanuatu con un 78.21%, Nauru con un 90.0%, y Turkmenistán con un 70.0%. Por tanto, el porcentaje de los privilegiados con fuentes de altos ingresos es ínfimo en la gran mayoría de la población actualmente. No vamos a analizar las causas del desempleo pero si podemos mencionar entre otras: el crecimiento poblacional; introducción de tecnologías avanzadas en el campo industrial, en las aéreas de servicio y administrativa que han servido como sustitutos de la mano de obra humana,; y la crisis financiera que ha venido a agudizar la disminución de la inversión y la globalización que ha venido a multiplicar la sustitución de las pequeños negocios por la incorporación de las grandes corporaciones internacionales.

El crecimiento de la economía se mide por el incremento del "producto nacional bruto" (PNB), y la capacidad de compra que produce en los bolsillos de los ciudadanos los ingresos necesarios para su subsistencia (llamado ingreso per-cápita), el cual se mide por la capacidad interna de producción de un país, cuyo resultado se le llama "producto bruto interno" (PIB). Para medir esta variable los economistas toman en cuenta el costo de la vida, el ingreso y la inflación que ocurre en cada país, con los productos de mayor consumo.

En consulta de datos suministrados por tres fuentes: El banco mundial, el fondo monetario internacional (FMI) y el libro de la actualidad mundial de la agencia estadounidense de inteligencia (CIA), a través de Wikipedia, nos encontramos con la siguiente realidad: existen en nuestro planeta un total de diez o doce países cuyos índices per-cápita estaban por encima de los 40,000 dólares para el año 2010. Entre los cuales solo tres contaban con un ingreso per-cápita de más de 80,000 dólares; estos eran Qatar, Luxemburgo y Liechtenstein.

Los demás forman un segundo grupo de países y territorios con un índice que oscila entre los 30-40,000 dólares, con un total de trece países. Un tercer grupo de estados que contaban para el 2010, con índices de ingresos per-cápita entre 10 -30,000 dólares; con un total de unos 57 (quizás 60) países, en este rango un cuarto y último grupo formado por la gran mayoría de países con un total de alrededor de cien países o algo más que mostraban un índice de menos de 10,000 dólares de ingresos per-cápita de sus habitantes. Entre ellos más de diez países paupérrimos mostraban para el 2010 los índices de ingreso per-cápita de menos de mil dólares; todos ellos situados en África, a excepción de Afganistán que también contaba con un ingreso per-cápita de 900 dólares para el 2010. Para mayores detalles e información consulte el apéndice no. 2 sobre ingreso per-cápita por país.

Los datos suministrados por el banco mundial, por el fondo Monetario Internacional (FMI) y por la Agencia central de Inteligencia (CIA) nos muestran como el ingreso per-cápita es una imagen clara de la desigual distribución de la riqueza en el mundo. Pero la distribución del ingreso per-cápita en cada país nos muestran los niveles de desigualdad social que produce el capitalismo. Ya en Roma en el S. III A.C se comenzaron a pasar leyes limitando la riqueza y las tierras que podían ser propiedad de cada familia. La motivación para dichas limitaciones incluyen argumentos tales como: El temor de que la concentración de la riqueza puede conducir a la corrupción política, la creencia de que la riqueza puede aumentar el capital político en las Urnas de sus defensores. El temor de que la extrema concentración de la riqueza conduzca a la población a la rebelión.[70]

Como diría F. Bacón "una buena política debe usar los tesoros y dineros de un estado no para ser acaparados por algunos; para qué sirve el dinero, sino para ser gastado.[71] Como reza el manifiesto comunista "a cada uno según su capacidad; a cada quien según su necesidad".[72] Pero a pesar de sus buenas intenciones, el socialismo no ha conseguido una adecuada redistribución de la riqueza en los estados donde se ha puesto en práctica, aunque es justo reconocer los grandes aportes que ha realizado en dicho aspecto. Según un estudio del Instituto Mundial para la Investigación del desarrollo económico, de la Universidad de las Naciones Unidas, el 1.0% de adultos solos, poseían un 40% de los bienes globales en el año 2,000. El 10% de adultos ricos poseían el 85% de la riqueza global, Mientras que la mitad (50%) de la población adulta poseían solo el 1.0% de la riqueza mundial.

Otro estudio encontró que el 2% de la población mundial poseía más de a mitad de los bienes de consumo masivo. En los Estados Unidos en el 2001, el 10% de la población poseía el 71% de la riqueza. El 1.0% poseía el 38% de los bienes activos, la propiedad y la riqueza monetaria. Mientras que un 40% solo tenía acceso a menos del 1.0% de la riqueza Nacional. Según informe de la reserva federal el proceso de concentración de riqueza y capital ha contraído aún más estas cifras.

---

70 Distribución de la Riqueza, Wikipedia 11/11/2010 2 de 6
71 Ibidem
72 bidem

Gráfica No. 1

World Distribution of Household Wealth,
GDP, and Population in the Year 2000

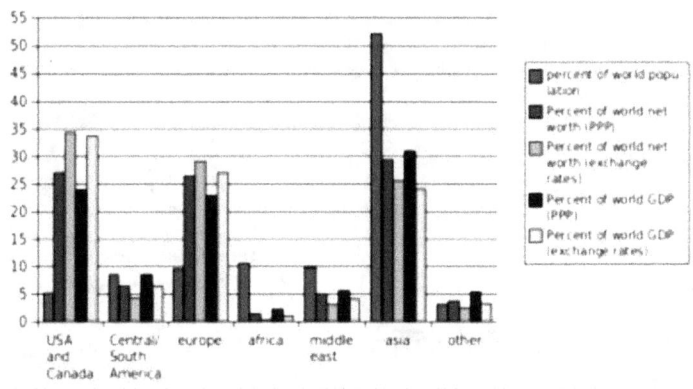

*Fuente: Wikipedia 11/11/2011

La siguiente gráfica nos muestra como esta distribución de la riqueza en USA la mayoría de la población piensa que la misma está distribuida no como ellos quisieran que fuera distribuida. Sino que la mayor parte de la riqueza (como muestra esta gráfica) favorece a una minoría.

Gráfica No.2

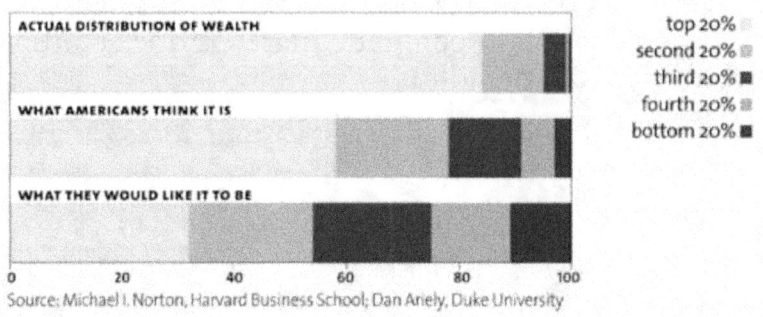

*Fuente: Yahoo 4/22/2011

Grafica no. 3

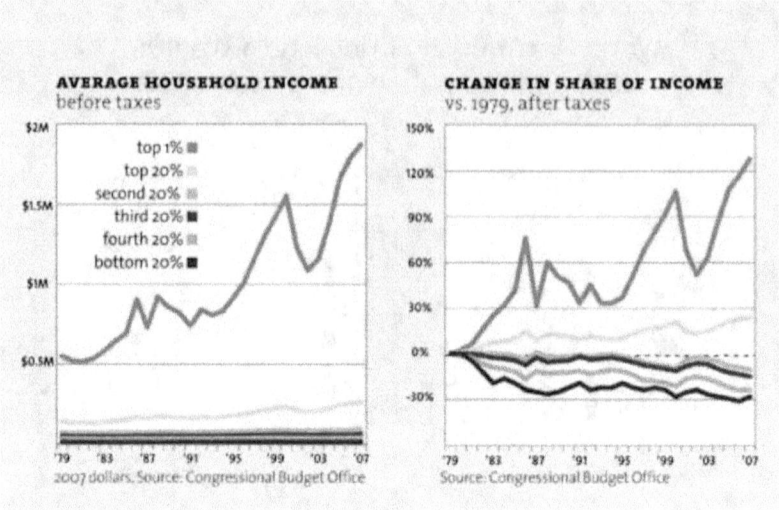

AVERAGE HOUSEHOLD INCOME
before taxes

top 1%
top 20%
second 20%
third 20%
fourth 20%
bottom 20%

2007 dollars. Source: Congressional Budget Office

CHANGE IN SHARE OF INCOME
vs. 1979, after taxes

Source: Congressional Budget Office

*Fuente: Yahoo- 4/22/2011

Aquí podemos ver como un primer grupo el (20%) de los Norte-Americanos poseen un 83% de los bienes y propiedades, en contraste con el 91% que ocupan un 1% de las riquezas. El incremento en esta tendencia de enriquecimiento de los más ricos y mayor miseria para los más pobres la podemos leer en la gráfica No.3; en donde observamos como los ingresos de los más ricos en los tres últimas décadas han crecido en más de un 100%, en cambio, los hogares de los más pobres han percibido ingresos que están por debajo del 10% del total.

Gráfica no.4

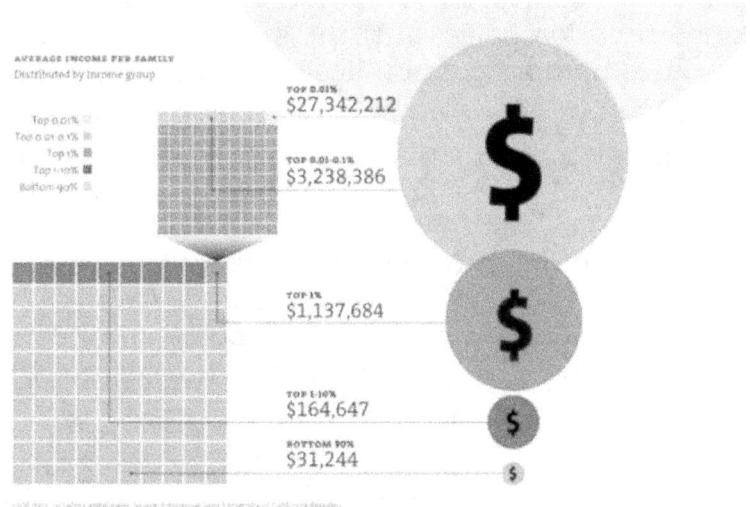

AVERAGE INCOME PER FAMILY
Distributed by income group

Top 0.01%
Top 0.01-0.1%
Top 1%
Top 1-10%
Bottom 90%

TOP 0.01%
$27,342,212

TOP 0.01-0.1%
$3,238,386

TOP 1%
$1,137,684

TOP 1-10%
$164,647

BOTTOM 90%
$31,244

*fuente: Yahoo 4/22/2011

En los últimos 30 Años en USA, la brecha entre ricos y pobres se ha ensanchado tanto, que actualmente mientras el 1% de los más ricos tiene ingresos anuales de más de un millón de dólares; el 90% de los americanos solo alcanzan alrededor de 30,000 dólares por año. Para paliar las necesidades y las demandas de la clase media y de los menos afortunados, los gobiernos de los países capitalistas han creado los programas de incentivo en áreas como salud, energía, desempleo etc. Y las clases adineradas han creado las fundaciones y el voluntariado a fin de amortiguar la presión social, de la desigual distribución de la riqueza y las demandas por justicia social.

Una situación similar se presenta alrededor del mundo donde ocho gigantes (G8); los países más industrializados y los países productores de petróleo (de Asia principalmente) quienes tenían proyectado para el 2008 producir un trillón 251 millones de dólares con la venta de los crudos del petróleo; ocuparon la mayor concentración de la riqueza mundial mientras que en varios países Africanos, Latinoamericanos y otros, el hambre cobra miles de vida cada año.

En USA y Europa (según un informe de fondo de la Administración de la ONU; difundido por CNN- el 5/12/2011), unas 1300 toneladas de comida son tiradas a la basura cada año. Lo que significa un desperdicio de entre 95-100 toneladas por persona. Según datos de UNU-Wider, la distribución de la riqueza por hogar en el 2006; reporte suministrado por Wikipedia el 11/11/2001; era la siguiente:

Región	% de población mundial	% valor neto de cambio	% del ingreso per cápita	% mundial del PNB	% mundial PBI
Norte América	5.17	27.1	34.39	23.88	33.67
Central/Sur América	8.52	6.51	4.34	8.49	6.44
Europa	9.62	26.42	29.19	22.8	32.4
África	10.66	1.52	0.54	2.36	1.01
Medio Oriente	9.88	5.07	3.13	5.69	4.1
Asia	52.18	29.4	25.61	31.07	24.1
Otro	3.14	3.7	2.56	5.4	3.38

Como podemos ver en la tabla y figuras de arriba USA, Europa y Asia cuentan con los porcentajes más altos de valor neto del PNB, del PBI y de ingreso per-cápita. Asia cuenta con 52.18 % de la población mundial; sin embargo solo alcanza un 31.07 % del PNB mundial. Por su parte, África y medio Oriente que Suman un 20% de la población mundial, solo alcanzan una porción de un 1.01% y un 4.1% respectivamente del PBI. El mayor valor de cambio neto lo tiene Europa con un 26.42% ya que su moneda es la que cuenta con un mayor valor de cambio.

La siguiente figura nos muestra los niveles de incremento de la riqueza a nivel mundial hasta el año dos mil. En los siguientes mapas podemos observar zonas de África, India, las Polinesias, parte de Europa oriental y el Caribe con los niveles más bajos de crecimiento. Luego les siguen zonas como Rusia, Europa Oriental y gran parte de Asia, África y Sudamérica, con niveles moderados de prosperidad. Un tercer grupo con niveles significativos de enriquecimiento en regiones de Argentina, Chile, México, Venezuela y partes de Asia. Frente a estas con un tono más obscuro, aparecen regiones de Europa Occidental, USA, Canadá y Australia con los niveles más altos de crecimiento y el blanco que nos muestra algunas zonas que no reportaron información.

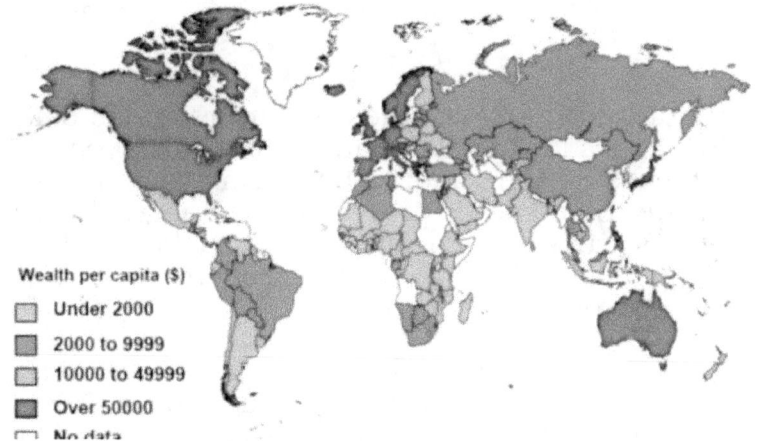

Figura No.2: Esta gráfica nos muestra los niveles mundiales de ingreso per-cápita en comparación con los niveles de concentración de la población en cada región. Así vemos como África y la India cuentan con los más altos grados de concentración de población y los niveles más bajos de ingreso per-cápita, seguidos por China, Asia, América Latina y algunas islas del pacifico; mientras que Europa, Estados Unidos y los países ricos de Asia muestran niveles de concentración de población casi paralelos con sus niveles de ingresos per-cápita.

Figure 2

Population and Wealth Shares by Region

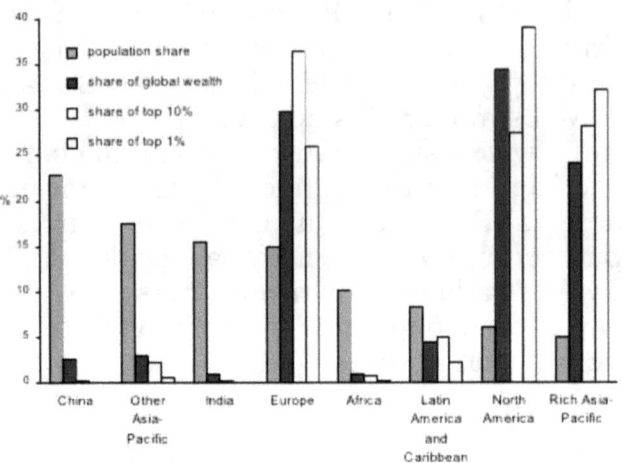

Figura no. 3 Esta gráfica nos muestra los países en los cuales las familias han alcanzado mayor acceso a bienes de consumo; es decir a mayores posibilidades de comodidad y progreso. Los niveles de acceso a sus recursos financieros; así como los niveles de endeudamiento de la economía familiar.

Fuente: artículo de distribución de riqueza

Mientras que en sociedades privilegiadas como las de Norteamérica, Europa y algunos países de Asia, en el área del pacífico, en las cuales alrededor de un 30-40 % de la población goza de un mayor acceso a las riquezas y bienes de consumo masivo, tales como: uso de automóviles, modernos medios de transporte masivo, seguridad social y beneficios financieros; las regiones del mundo subdesarrollado de Asia Menor, Africa, América Latina, India y otras áreas, en cambio, no disponen de bienes, ni medios indispensables para su subsistencia. Como podemos observar en esta gráfica en estos territorios las familias que tienen acceso a dichas facilidades no suman ni siquiera el 10% del total de la población en estas regiones.

Figura no.4 - 5: La figura cuatro y cinco nos muestran las diferencias en cada región de la composición de la Propiedad de bienes, servicios y recursos a que tiene acceso la población en cada una de estas; así como la magnitud de sus posibilidades financieras y/o de acceso a dichos bienes y servicios de las grandes mayorías frente al alto porcentaje de creciente enriquecimiento de las élites adineradas que componen el 10% del privilegiado club de los más ricos en el mundo.

Figure 3

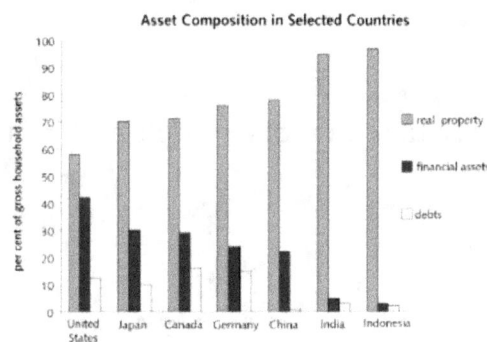

Fuente: artículo de distribución de riqueza

Figura no. 6

Figure 4

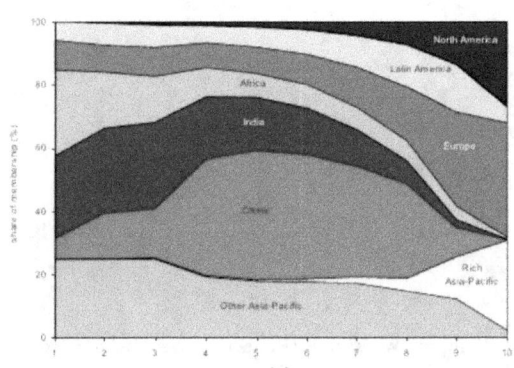

151

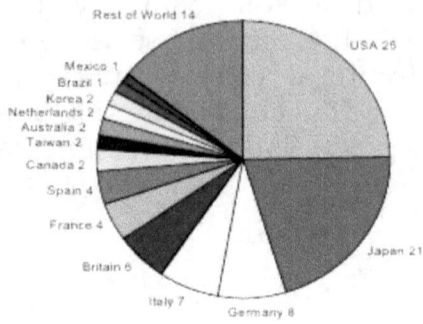

Figure 5

Percentage Membership of Wealthiest 10%

Fuente: Articulo de distribución de riqueza [73]

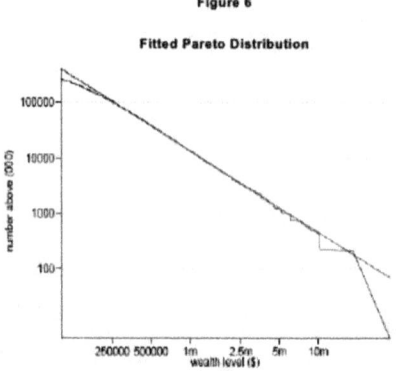

Figure 6

Fitted Pareto Distribution

Fuente: Articulo de distribución de riqueza [74]

---

73 http://www.mindfully.org/WTO/2006/Household-Wealth-Gap5dec06.htm
74 Ibidem

Para que se produzca un cambio en el acceso a la producción de riqueza, tienen que aumentar los ingresos de los más necesitados, pero, ¿cómo puede producirse dicho cambio?

Ya se está produciendo en USA una tendencia económica que pretende apoyar la iniciativa de incentivos a las pequeñas empresas, con el objetivo de aumentar las oportunidades de empleo y de reducir la tasa de desempleados. El Pluralismo económico supone la creación de políticas que apoyen dicha iniciativa. Supone la creación de empresas mixtas o pluralistas las cuales estén compuestas por capital privado, capital estatal y capital obrero. En las cuales los trabajadores y lo empleados tengan la libertad y oportunidad de invertir y dirigir.

Supone la creación de políticas de apoyo a las asociaciones cooperativas. Así como la promoción, creación y desarrollo de un programa de cooperativas de auto-gestión obrera y campesina. La creación de un ministerio que promueva y apoye dichas iniciativas. También, deberá dicho ministerio, apoyar y promover la formación de corporaciones' cooperativas; pues el actual boom económico de las grandes corporaciones internacionales no desaparecerá por sí solo, pero si puede reducirse la avaricia corporativa con la creación de competencia. La creación de un nuevo orden económico vendrá con la toma de decisiones políticas y la dirección que tomen los negocios en el futuro. El pluralismo económico pretende revertir la función y el uso de las finanzas, el capital y el crédito. Tratando de que estos dejen de ser fuentes de enriquecimiento ilimitado que produce placer y bienestar para unos pocos; convirtiéndolos en instrumentos de servicio social que produzca bienestar y satisfacción de las necesidades básicas de la sociedad proporcionalmente. Para ello es necesario apoyar las iniciativas de muchas instituciones y programas del sector privado que están orientando a las nuevas generaciones, ayudándoles a convertirse en pequeños empresarios particulares y asociados. Brindar apoyo a los proyectos de microcréditos, que presten con tasas de interés hasta del 2%. De esta manera se logrará combatir el desempleo y crear nuevas fuentes de empleo productivo.

5.2 Educación Pluralista.

El vehículo de mayor impacto en el cambio de mentalidad de las masas es la educación. El vínculo más importante de la persona con sus raíces, su familia, su cultura, ancestros y con su historia (es decir su pasado) es la educación. Ya vimos en el primer capítulo, como el ser humano trae impresa con su nacimiento la llamada "información genética". Como esta se desarrolla y cambia con el contacto con la realidad y a través de la transmisión de conocimientos, a la que somos expuestos en el proceso de la educación. Actividad que se desarrolla desde el seno de la familia, se continúa en la escuela, en el medio ambiente y en el proceso de crecimiento físico, intelectual y sicológico.

Pero, ¿qué sucede cuando la familia no puede ejercer su "rol de nido pre-escolar" o de "educación básica"?

Como definimos en el segundo capítulo, la familia actual ha sufrido notables transformaciones, las cuales han cambiado su enfoque, su rol y su estructura. No solo han cambiado los roles tradicionales de la familia, sino que la estructura familiar ha tomado nuevas formas y modalidades que no garantizan un núcleo de educación básica estable para los hijos. Esto significa, por tanto, que el estado y la sociedad tienen un mayor grado de responsabilidad sobre la educación de las nuevas generaciones.

La educación no solo ha servido como medio de transmisión de conocimientos, valores y experiencias; sino que ha servido a los intereses de una clase dominante (K. Marx, Althusser y otros) que la usa, como instrumento de dominación de la conciencia de las personas. Esto quiere decir que la educación en sentido amplio abarca toda forma de comunicación de las ideas y conocimientos, desde el aprendizaje básico del lenguaje, de los gestos, los modales etc. hasta el conocimiento científico de complicados cálculos y habilidades. Como decíamos en el capítulo uno sobre la Ideología: "las ideologías políticas dan sostenimiento y directrices a nuestra sociedad actual en cualquier sistema político" (p.6) Si queremos cambiar la mentalidad de las personas, tenemos que crear una nueva ideología: *El Pluralismo Ideológico.*

Por tanto, será necesario, crear programas nuevos de educación dirigidos a la familia actual. En los cuales tomemos en cuenta su situación actual, su estructura, sus posibilidades, sus condiciones y sus aspiraciones. Este proyecto educativo deberá enfocarse en los aspectos básicos del pluralismo ideológico, sus proyectos y sus propósitos. Solo a través de la familia podemos cambiar la sociedad en su conjunto. El otro soporte de la ideología pluralista es la escuela.

En la actualidad el sistema educativo es muy amplio y complejo. El primer paso que el nuevo orden pluralista deberá tomar en cuenta es el respeto por las instituciones existentes, respeto de su trabajo y objetivos; pero al mismo tiempo, el nuevo orden deberá evaluar sus resultados e implicaciones y proponer cambios que faciliten el tránsito de los actuales estructuras educativas, a unas nuevas, dinámicas, practicas, abiertas, democráticas e igualitarias.

Es decir, que debemos dar el salto de un sistema educativo selectivo, elitista y cerrado; en aquellas instituciones que aún lo sustenten y practiquen; a un sistema pluralista, (abierto, dinámico, democrático, igualitario, multi-cultural). Lo mismo proponemos para los curriculums, programas y carreras. Así como para programas y proyectos del sistema de educación pública. Los contenidos de los nuevos programas, proyectos, y materiales escolares deberán tomar en cuenta también los propósitos y las metas del nuevo orden social, económico y cultural.

El objetivo básico de cualquier proyecto de cambio social es luchar por conseguir que todos los miembros de un colectivo social, de cualquier país, tengan acceso, a la educación. Según la UNICEF, actualmente más de tres millones de niños en el mundo no van a la escuela. Pero igualmente importante es garantizar un tipo de educación orientada a favorecer a todos por igual en la sociedad. Por tanto, los contenidos de los diferentes niveles, programas, y proyectos de educación, deberán ser discutidos, analizados e instituidos de acuerdo a las necesidades, prioridades y demandas de los diferentes grupos sociales, como bajo responsabilidad de los actores involucrados en el sistema educativo.

Siempre oímos hablar de "cambios", cuando hay campañas políticas. Es cierto, que algunos cambios de administración suelen producir ciertas mejorías dentro del sistema. Pero es necesario crear un nuevo universo, un nuevo espacio, una nueva estructura. Es decir, un nuevo orden social, educativo, y cultural que procree nuevos individuos, capaces de crear una nueva sociedad; democrática, abierta, multi-cultural; o sea *Pluralista*.

5.3 La función de la política.

Si bien es verdad que el hombre es un "animal político", como lo definiera Aristóteles; este se distingue de las demás especies entre otras cosas por el ejercicio de la libertad como marca indeleble que nos permite tomar decisiones que afectan a la familia, grupos y sociedades a los cuales cada quien pertenece. En el reino animal cada uno de los miembros de un grupo nace con sus funciones definidas, así por ejemplo, en un enjambre de abejas la reina nace para reproducir la especie y guiar al grupo. En cambio, las abejas obreras son las que producen la miel, por su parte los zánganos solo tienen como función inseminar a la abeja madre o Reina.

La especie humana, en cambio, se reproduce, crece, se desarrolla y depende para su supervivencia de cada uno de los individuos que componen un colectivo social. Sin embargo, cada individuo dentro del grupo aunque está sujeto a normas y leyes de gobierno y de organización socio-económico, política y cultural es libre de aceptar o rechazar su rol social y de hecho modifica y cambia constantemente con su participación política, las estructuras sociales, sus formas de gobierno y de convivencia social. Este don de la libertad que el creador confirió al ser humano es compartido; o sea que no puede ser ejercido de forma aislada, egoísta o irresponsable sin tomar en cuenta el ámbito social que nos rodea. Es ese don de la libertad lo que confiere a las personas el poder político que cada uno trae impreso en su conciencia. Pero cuando este se ejerce de forma egoísta e irresponsable deja de ser compartido y se convierte en instrumento de manipulación, sujeción y prepotencia.

La toma de decisiones de los seres humanos se convierten en la sociedad en relaciones sociales de competencia, inter-cambio y de control del poder político, socio-económico y cultural que norma la vida de los pueblos y teje la historia de la humanidad. De esta manera los seres humanos hemos usado todas los facultades y beneficios con que la naturaleza nos ha dotado para crear organizaciones, leyes, costumbres y sistemas que han permitido el uso de control político, socio-económico y cultural que en vez de armonía, igualdad y bienestar han producido conflictos (guerras, divisiones sociales, clases sociales, fronteras etc.) desigualdad y sufrimientos (ejecuciones, genocidios, epidemias etc.) Sin embargo, el espíritu de la libertad, ha frenado en cada rincón del planeta las ambiciones, abusos, injusticias y prepotencia de personas, grupos y sistemas políticos que hacen uso del poder político, socio-económico y cultural para beneficio de esas minorías a costa del sudor, el sacrifico y el silencio de poblaciones mayoritarias.

Obviamente, estos actos políticos, así como su contraparte el comportamiento social, están condicionados por los niveles de desarrollo socio-económico, educativo y cultural; por las condiciones climáticas y hasta por ubicaciones geográficas de cada población. Según los politólogos los argumentos ideológicos que han servido de base a las diferentes doctrinas y los sistemas políticos que han servido a lo largo de nuestra historia, racional o irracionalmente, son: el origen divino de la autoridad, la tradición, la voluntad popular, el bien común, el nacionalismo, teorías filosóficas, y la aceptación popular de prácticas políticas subjetivas. Así los diversos enfoques aportados al estudio del estado, pese a estar llenos de consideraciones subjetivas y no tener por tanto, validez científica plena, arrojan luz sobre los diversos aspectos de la vida política. Vemos como (...) "unos autores inciden en la importancia de los factores geográficos, otros en la composición étnica y cultural de cada nación, otros adoptan criterios racionalistas y otros, siguiendo la dialéctica marxista, se centran en los aspectos económicos y sociales que determinaran la acción política".[75]

---

75 Enc. Británica (Hispánica) P. 361 R. Mc Nally 2C USA 1993

Como bien señala, más adelante la Enc. Británica, los distintos intereses políticos, económicos, sociales, culturales y hasta religiosos, así como las ideologías enfrentadas han forjado en la historia el fenómeno conocido como lucha de clases (como llama Marx, a la lucha por el poder). Lucha que muchas veces puede ser violenta y se convierte en actos de barbarie y de exterminio, esclavitud, y /o segregación del rival. A veces esta lucha es más racional y no pasa de una revolución social, encarcelamientos, deportaciones, golpes de estado etc. En los sistemas democráticos esta lucha es pacifica (elecciones, transmisión de mando, cambio de legislaciones etc.)

El pluralismo ideológico, tiene como objetivo la creación de una nueva sociedad capaz de garantizar una acción política que sustente su función en el respeto a la soberanía popular. Capaz de armonizar los intereses de los distintos grupos y clases sociales. Capaz de institucionalizar la defensa de los derechos humanos. Capaz de producir un clima de paz y seguridad para todos los convivientes del colectivo social y capaz de distribuir de manera igualitaria y justa (en la medida de lo posible) de los bienes, las riquezas, servicios y oportunidades de empleo y posiciones políticas existentes. Como bien concluye el autor del artículo política de la Enc. Británica "la mayor virtud de la democracia es dar posibilidades a todos los individuos capaces de desarrollar sus aptitudes sin dañar los derechos de los demás".[76] Nosotros agregamos: y propiciar un habitad de igualdad, seguridad y bienestar para todos los convivientes de cualquier colectivo social.

En la actividad política como en todo oficio y/o profesión que los hombres y las mujeres elegimos, aunque debiéramos hacer dicha elección guiados por

---

76 Idem. 368

una vocación de servir a los demás; muchas veces escuchamos en las noticias, como algunos profesionales de la salud, la educación, del área jurídica, administrativa y otras no ofrecen los debidos servicios a sus solicitantes; así como a veces son insensibles ante las demandas y necesidades de sus comunidades. La autoridad que deposita el pueblo en sus gobernantes y servidores si no es impuesta por la fuerza de las armas, por tradición o por una ideología (en cuyos casos se exige obediencia ciega) es fruto de la confianza en su liderazgo y de compromiso y/o responsabilidad compartida.

Por tanto, en todo proceso de la actividad política, tales como elecciones, legislación, campañas de salud, educación, deportes etc. El papel de las autoridades no es solo decidir e imponer normas y leyes de comportamiento, de gobierno y conducta social, si no el de proponer, discutir y compartir los proyectos e iniciativas locales, nacionales e internacionales, con los distintos grupos y estamentos de la sociedad involucrados en cada actividad social, económica, política o cultural. Este es el objetivo ideal de todo sistema democrático y la propuesta ideológica del pluralismo.

5.4 Los vicios de la política.

El ejercicio irresponsable y egoísta de la política como actividad social y como profesión u oficio está plagado de una serie de deficiencias y/o anomalías a los cuales llamaremos "Vicios políticos" .Entre los vicios políticos más comunes se destacan la corrupción, abuso de poder, malversación de fondos públicos, la demagogia, el chantaje, nepotismo etc. Algunos de estos vicios, sino todos, se presentan en las esferas del poder en casi todas las formas de gobierno que se han sucedido a lo largo de la historia del hombre. Así por ejemplo, las dictaduras teocráticas, monarquías y democracias adolecen de los mismos vicios políticos.

El fenómeno de la corrupción ha sido siempre un tema de crítica, de división y preocupación entre los grupos de poder en todas las formas de gobierno mencionadas, en todas la comunidades, sociedades y en toda época de nuestra historia. La corrupción política afecta a la moral pública, la condición de los representantes cívicos, autoridades civiles, militares, judiciales y religiosos. Afecta la actividad económica, en el uso de los bienes, recursos y fondos públicos. En la distribución de puestos, responsabilidades, canonjías y representaciones diplomáticas, por ejemplo; afecta la actividad política en sí misma, produciendo pérdida de confianza en la autoridad, irrespeto y apatía, frente a la responsabilidad ciudadana y la conducta social. Falta de responsabilidad en el cumplimiento de la funciones públicas. Falta de sensibilidad frente a las necesidades sociales, injusticas etc.

La malversación de fondos y el uso inadecuado del erario público produce desequilibrio en la balanza de pagos de un estado. Falta de fondos disponibles para financiar las necesidades y los proyectos físicos, educativos, sanitarios etc. de la población. Lo cual acarrea otros males sociales tales como; desempleo, inflación etc. La demagogia por su parte es un vicio al cual recurren algunos políticos no solo para conseguir sus objetivos, sino además, para manipular las conciencias, para engañar y ofrecer falsas promesas, creando frustración y desconfianza en la población. Algunos políticos consideran la demagogia como un mal necesario, justificando así su conducta y el manejo de la actividad política como un instrumento de manipulación y no como un medio de servicio y educación del público, como debería ser. El chantaje es un vicio que está vinculado a la demagogia. Así como el demagogo, "hace uso de las emociones y prejuicios del pueblo", como dice el Diccionario M. Webster's,[77] el chantajista extorsiona y engaña al público presentando hechos o informaciones falsas o no probadas, contra un adversario (persona, institución, o sociedad determinada), con el objetivo de obtener beneficio, de dañar su imagen o de confundir al público. Vicio de por si peligroso y dañino que muchas veces ha arrastrado a multitudes a cometer injusticias, linchamientos, deportaciones, encarcelamientos injustificados etc. de personas inocentes, acusados falsamente. Recordemos algunos casos históricos famosos, víctimas de esta práctica: La crucifixión de Cristo. La muerte en la hoguera de Juana de Arco. Los miles de cristianos condenados a muerte en Roma durante el reinado de Nerón, acusados del incendio de la ciudad de Roma. Los miles de casos de la injusticia llevando a la hoguera a víctimas inocentes etc.

El nepotismo es otro vicio que ha producido malestar y desaprobación popular en todas las épocas, en muchos periodos de gobierno, en todos los sistemas políticos y en una gran cantidad de territorios, a través de los siglos. La democracia considerada hasta el presente como la forma de gobierno más desarrollado, más equilibrado y conveniente para la humanidad, no está exenta de estos vicios; y si bien es verdad que la mayoría de los regímenes democráticos hacen titánicos esfuerzos por erradicarlos, aún algunos de ellos corroen las células más ínfimas de la sociedad y del poder. Ya que los mismos no solo se presentan como canceres incurables en el poder político sino que también, afectan el poder social, es decir a la sociedad civil. Su combate y erradicación por tanto, no es responsabilidad única del poder político, sino de toda la sociedad.

---

77 M. Webster Dic O.C 138

5.5 La educación política.

Generalmente se ha acusado a las dictaduras y a los regímenes totalitarios, de sustentar su poder en base a la ignorancia y el miedo. Un pueblo con bajos niveles de educación y carencia de conocimientos políticos, históricos y culturales tiene altos niveles de abstención electoral y poca conciencia de responsabilidad civil. El fortalecimiento de la democracia y el crecimiento socio-económico y cultural requieren no sólo de una participación política activa de la población, sino también, de una formación política de sus miembros. Para demonstrar este axioma, basta con resaltar el hecho de que los partidos y organizaciones políticas crecen, se desarrollen y consiguen sus objetivos de alcanzar el poder, conservarlo y hasta mantenerlo, cuando son capaces de implementar campañas de formación política adecuada entre su militancia.

Los tópicos de conocimientos más tratados en dichos procesos de formación política, son los acontecimientos históricos más destacados en un país determinado, los sucesos históricos más importantes de la historia humana, la situación socio-económica del país y del globo; aspectos culturales y los objctivos, estatutos y proyectos, del partido en cuestión. Pero la proyección educativa de una campaña permanente de formación política dentro de un sistema y /o gobierno pluralista, debe ir más allá de las esferas de un partido. Debería estar dirigido a la población en su conjunto, debería emplear todos los formatos educativos, utilizando todos los medios de comunicación y difusión disponibles; debería contar con un presupuesto proprio, debería abarcar los tópicos de; estudios de historia, sistemas filosóficos más destacados, sistemas político-históricos más relevantes, educación cívica, participación y educación acerca de los procesos electorales, situación socio-económica del país, y sus componentes más destacados; necesidades vitales dentro del país; así como sus propuestas y soluciones.

Lecciones de filosofías; presentación de aportes importantes para el desarrollo y crecimiento social de los grupos religiosos; conocimientos de ética, moral y cívica ciudadana. Conocimientos culturales, antropológicos y de psicología social concernientes al país. Composición social y sus principales aspectos de formación estructural. Trazar objetivos y normas de conducta, frente aspectos vitales actuales, tales como: proyección tecnológica, revolución verde (significado e importancia); calentamiento global del planeta (aportes y soluciones); participación ciudadana, industrial y comercial en una campaña de reducción de los niveles de contaminación y/o calentamiento global. Metas y objetivos frente a la situación; posibilidades y necesidades energéticas de cada país. Necesidades educativas existentes: Raíces, posiciones y soluciones autóctonas (locales), adecuadas; y miles de tópicos más de suma importancia que tienen que ver con: salud, vivienda, empleo, desarrollo industrial, higiene y conducta civil, educación familiar etc.

No desconocemos que muchos de los tópicos mencionados estén siendo impartidos por algunos instituciones y organizaciones sociales, políticas, religiosas y culturales; si no que estamos proponiendo explorar la posibilidad de elaborar un proyecto de educación política integral que agrupe todos esos esfuerzos, los fortalezca, apoye con nuevos aspectos, creando un paradigma completo en el cual participen todos los componentes sociales: familias, Iglesias, Escuelas, organizaciones y grupos culturales, deportivos, caritativos etc. partidos políticos, representantes, colegios, universidades, sindicatos, y sociedad civil en general. La garantía de éxito de un proyecto de educación tan ambicioso y complejo, solo es posible dentro de un sistema democrático participativo, pluralista y abierto. Pero podemos asegurar que el desarrollo e implementación del mismo, es la única plataforma posible para armonizar las intereses, necesidades y aspiraciones sociales de cada individuo en particular, y de cada entidad en general.

El monopolio y manipulación de la información, conocimientos y soluciones frente a los acuciantes y crecientes problemas que golpean a las grandes mayorías de la población del planeta generan mayor descontento generalizado, incrementos de protestas y disturbios en todo lado; mayor inseguridad y desilusión entre las nuevas generaciones, en el proceso político, socio-económico y cultural de cada país. Por tanto, se impone un nuevo rumbo de conducción del estado, en el manejo de las relaciones socio-económicas, políticas y culturales. Así como la creación de un nuevo ámbito conductual en las relaciones internacionales, inter-diplomáticas, inter-culturales y de intercambio económico y financiero. Ese agujero negro que empaña la claridad en nuestras relaciones sociales, políticas, culturales, comerciales y financieras globales; solo puede ser iluminado por el pluralismo ideológico.

Capítulo VI:

Conclusiones.

Hemos aprendido de este estudio que el pluralismo ideológico es una huella indeleble que traemos grabada en nuestras mentes y nuestros corazones al nacer. Imagen que se ha visto empañada muchas veces, en distintos épocas y lugares, a causa de la ignorancia, el miedo, el fanatismo político y religioso; por la falta de conocimientos, reclamo y/o ejercicio de nuestros derechos y de nuestra responsabilidad como individuos y como grupo. Práctica prohibida también, en ocasiones históricas con el uso de la fuerza, con la apatía y el desconocimiento; por la manipulación y el engaño; por el olvido del proceso histórico y por la falta de participación y educación política.

También hemos analizado las causas de la crisis a la que nos han arrastrado las ideologías imperantes, su ineptitud para responder a las necesidades y expectativas de la humanidad y su fracaso en la búsqueda de soluciones viables en torno a la misma. Como dijimos en la introducción: "no pretendemos convencer a nadie de que el pluralismo ideológico sea la panacea para nuestro mundo, pero si creemos que esa es una propuesta lógica y adecuada para el devenir histórico de nuestro planeta "(P.14). Solo el pluralismo ideológico puede garantizar el establecimiento de un clima de paz, armonía y seguridad en la sociedad actual. Así como de relaciones bilaterales pacíficas, constructivas y de trato igualitario y justo entre las naciones del planeta. Por más caso omiso que se haga a los avances de la participación política ciudadana; por más represión y manipulación que hagamos de la información y de la historia; por más silencio y apatía que halla en un colectivo humano; por más temor y desconfianza que mostremos ante la actividad política; más inminente se hace el cambio de estructuras socio-económicas y políticas actuales; más se acerca la aurora que traerá el amanecer de un nuevo sistema socio-económico, político y cultural.

El PLURALISMO IDEOLOGICO se reduce a cuatro principios básicos que pueden servir de pauta a toda persona, grupo o institución en una sociedad democrática, estos son: respeto, tolerancia, convivencia y responsabilidad compartida.

Capítulo VII:

Fuentes de Consulta, Estudio e Investigación (Bibliografía).

7.1 Consultas.

Hall Prentice, World History. *Connections to Today.* Simon G Schulester Education Groups. Printed in the USA 1997.

Enciclopedia Británica (Enc. Hispánica) Enciclopedia Británica publishers, Inc. Impreso por talleres Rand Mc Nally and Company, USA 1992-1993.

M. Chambers, R. Grew, D. Hereihy, T.K Rabb, I. Woloch: *The Western Experience* (to1715)/ second edition by A.A Knoph, INC. 1979.

M. Webster, INC. publishers, The Merriam-Webster Dictionary. Springfield, Massachusetts, USA.

Santa Biblia, Reyna Valera, revisión de 1977. Miami, Florida SBI-STL Org. 1977.

7.2- Guía Bibliográfica

Estudio E Investigación.

Capitulo. I: Definiciones.

1.1 *Idea- Wikipedia (Internet):* artículo que hace un recorrido histórico filosófico sobre la teorías de como surgen las ideas. Un breve examen sobre las diversas teorías y sus creadores. Considera que "La capacidad de crear y entender el significado de las ideas; tiene que ver con la característica esencial que define a los seres humanos." Nombra como fuentes importantes a consultar:

La Enciclopedia de filosofía de Mc millian P.CO. NY 1973: Historia del pensamiento, Dk P. de B. Magee, Londres 1998.

The Reader's Enciclopedia (2 Ed.) de Tomas y Crowell C. Librería del Congreso USA.

1.2 *Teorización Ideológica:* Criticismo y teoría moderna. (Wikipedia). Es una comparación y análisis sobre las diversas teorías ideológicas. Así como el uso que estas han hecho de la ideología para explicar procesos de ideologización del pueblo a través de la literatura, el arte, la comercialización etc. Hace énfasis especial en las ideas de Eagleton.

1.3 *Ideología (Wikipedia).* Este estudio es un análisis sociológico, a través de los distintos sistemas de organización política y socio-económicos que se han sucedido en la historia. Considera la ideología como colección o conjunto de ideas. Analiza la referencia de Marx y Althuseer para quienes la ideología es un instrumento de reproducción social. Nos trae importantes referencias bibliográficas para consultar.

1.4 *Pluralismo:* índice sociológico: Análisis del pluralismo como un modelo político, del cual ofrece tres definiciones y /o diferentes puntos de vista; analiza su aplicación social, lógica, religiosa, legal y cultural. Su concepción y contribución en algunos países.

1.5 *La constitución de USA definida como pluralismo político:* Analiza los aspectos más importantes que dieron vida a la redacción de la constitución de USA. Las ideas que la sustentan, su aplicación práctica y formas de gobierno que representa y /o reproduce. Fuente: Google.

1.6 *¿Qué es el pluralismo?:* El proyecto pluralista de la Universidad de Harvard. Diana L. Eck hace una breve descripción acerca de los aspectos más importantes que definen dicho proyecto. Cuáles son sus propósitos y su alcance. Http:// www.Pluralism.Org/10/11/2010.com

1.7 *El pluralismo como Valor:* Enciclopedia de filosofía de Stamford, Junio 20,2006. Estudia la diferencia que existe entre Pluralismo político y Pluralismo moral. Nos trae un análisis amplio sobre los autores principales que han incursionado en esta área, así como un largo listado de fuentes bibliográficas al respecto http://www.Plato. stanford,edu/entries-Pluralism/2/17/2011.com

1.8 *Multiculturalismo, Pluralismo legal y tesis de separación de poderes:* Critica post-moderna de un caso Africano de positivismo legal. Google: 10/14/20120 http://www.the free library.com/ multiculturalism%2ctlegal+pluralism+and+the+ separabile.com Es un análisis bien detallado sobre la discusión para resolver la pregunta, ¿qué es la ley?, o ¿cuál es el espíritu de la ley y su aplicación en el sistema judicial Africano post-Colonialista y post-independiente, discutida por autores Africanos, especialmente por Oladosu, Tawo y Okafor?

1.9 *Pluralismo Británico y Pluralismo Americano:* Google; Http://www.Enciclopeda.com/dat/ igc-3045301957.html.com 10/14/2010. Es un análisis comparativo del pluralismo en distintas funciones de aplicación en el caso de la consolidación y/o fortalecimiento del estado tanto en Inglaterra como USA. Apoyado por una amplia red de autores que tratan el tema.

1.10 *Diferentes artículos:* Tratan diversos aspectos del pluralismo social. Google: http://www.Enciclopedia.com/doc/1g2-3045301957.html. com 10-14-20120

1.11 *Pluralismo:* http://en.wikipedia.org/wiki/pluralism.com Pluralismo como filosofía política. Análisis pluralista del uso del poder. "los pluralistas sostiene juzgan a la sociedad no por su igualdad actual si no por su igualdad de oportunidades políticas." Por tanto, la existencia o no, del pluralismo como filosofía política se debe analizar dependiendo de la oportunidad de participación proporcional e igualatoria de los distintos sectores en los organismos e instancias del poder político.

Analiza también las diferentes formas y concepciones del pluralismo; así como el debate histórico que ha rodeado este movimiento. Además agrega un estudio de los diferentes puntos de vista: económico, legal y epistemológico en el mundo de las relaciones industriales, especialmente. El pensamiento pluralista filosófico y el pluralismo religioso. El pluralismo estructural y sus principales exponentes.

1.12 *Racismo, Nacionalismo, Tribalismo y el sistema de Castas* (Google): http://www.soundvision.com/hifo/racism/statistics.asp.11/15/2010 Este artículo nos trae una serie de estadísticas impresionantes en los últimos cien años en torno a dichos fenómenos sociales. A pesar del progreso científico cultural y tecnológico, 62 millones de personas han perdido la vida en un siglo. Existen aún hoy día unos 22 millones refugiados de guerra, sin contar los refugiados políticos y los millones de personas sometidos a niveles degradantes de pobreza.

1.13 *Pluralismo (Teoría Política)* http://en.wikipedia. org/wiki/pluralismopolitical.com 4/22/2011 El cual sugiere leer a R.A Dahl y S.M Lipset quienes escribieron importantes teorías sobre el pluralismo.

1.14 *Debate teórico, pluralismo y teoría sociológica:* Es un artículo que detalla el debate teórico sociológico en torno al ensayo de S. Anderson (2005) sobre la teoría sociológica como objeto de investigación científica, su importancia y viabilidad. *Fuente:* Wikipedia

1.15 *Pluralismo en el pensamiento occidental:* Es un recorrido histórico a través de los principales mentores de pluralismo en Europa y USA. http://www.ghandehi.com/30/pluralism.eng. htm.com 10/11/2010

1.16 *Dos versiones de diversidad moral:* La ciencia cognoscitiva del pluralismo y el absolutismo. Fuente: Wikipedia. 2011. Analiza la distinción entre relativismo, absolutismo y pluralismo. Explica además la diferencia entre conceptos claves para entender la naturaleza del pluralismo, tales como: diversidad, desacuerdo, multiplicidad y consenso.

1.17 *D. Bonilla M. Pluralismo legal y propiedad extra legal:* Clase, cultural y ley en Bogotá: Wikipedia (2011) "Se estima- según este estudio- que cerca de la mitad de la población del tercer mundo vive en áreas periféricas, donde la propiedad es regulada por normas diferentes por las ordenadas bajo un estado legal" (p.3). Este sistema informal o extra- oficial de propiedad, tiene características propias en cada lugar.

Este estudio hace un rastreo de dicho sistema a través de 34 entrevistas semi- estructuradas para mostrar como la poblaciones urbanas del tercer mundo se desarrollan bajo relaciones de propiedad ya sea para su venta, transferencia y /o legalización que deben ser vistas con una perspectiva práctica y un prisma pluralista.

1.18 *Pluralismo y liberalismo en el pensamiento político de I. Berlín. P. Lassman (2011):* Este autor analiza los conceptos Berlinianos acerca del Pluralismo. Examinando sus límites, aportes y conexión con términos como: el liberalismo, escepticismo y relativismo. La teoría berliniana se basa en los conceptos de "Inconmensurabilidad de valores e incomparabilidad de la ideas". Que para muchos autores resultan contradictorios y conflictivos.

1.19 *El concepto de Pluralismo en el caso de la corte Europea de derechos humanos:* A. Niewwenheis. Wikipedia (2011). Este estudio considera que el concepto de Pluralismo es un sistema conceptual y político débil con poca consistencia, lo cual dificulta su aplicación práctica en el campo de la jurisprudencia. A pesar de ello el Pluralismo fue tomado como base durante la creación de la corte Europea de derechos humanos por considerar a este, como característica básica de toda sociedad democrática.

Capítulo.II: Raíces

2.1 *Historia de la familia:* Wikipedia 1/17/2011 http://en.wikipedia.org/wiki/family-history. com Estudio sistemático de los eventos históricos que han dado origen a la familia. Su genealogía y su historia.

2.2 *El árbol familiar:* Wikipedia 1/17/2011 http:// en.wikipedia.org/wiki/familytree Relaciones familiares, descendencia y genealogía. Ejemplos y aplicaciones prácticas.

2.3 *La Familia:* Wikipedia 1/15/2011 http://
en.wikipedia.org/wiki/family Distintos conceptos de familia, su origen y relación con la
estructura social.

2.4 *Estructura de la familia Americana:* Wikipedia
11/17/2011. Este estudio analiza los diferentes roles y estructura orgánica en el cuerpo social de la familia tradicional. Los nuevos modelos de familias no-tradicionales y su situación
actual en USA. Relaciones padres-hijos. Relaciones de pareja. Adopciones. Estructura de
las familias Afro-Americanas. Estadísticas e
impacto de los divorcios y los matrimonios entre parejas de un mismo sexo.

2.5 *La Tribu:* Wikipedia 11/12/2010 http://
en.wikipedia.org/wiki/tribe. Nos presenta las
bases antropológicas, conceptos, teorías y evolución del tribalismo como sistema social, económico, político y cultural.

2.6 Tribalismo: Wikipedia 11/12/2010 http://
wiki.org/tribalism. Estructura social, evolución, conceptos de violencia e identidad social
en el modelo tribal.

2.7 *La gran complejidad: Los cacicazgos o chiefdoms:* Wikipedia 11/12/2010 http://www.ed/
dep/ash/anthro/2003/glues/chiefdoms. Orden socio-económico político y cultural complejo que es considerado como un sistema de
organización social transitoria; entre tribalismo y estadidad (tribu y Estados). Ese artículo
analiza algunos casos de poder político en la
América pre-Colombiana del chiefdom.

2.8 *W. Stubbs. Feudalismo, un resumen general:*
Wikipeda: 2/17/2011 http://history.world.
org/fedualism.html. Analiza la estructura social del feudalismo sus orígenes y desarrollo.
El papel de las diferentes clases sociales dentro del feudalismo.

2.9 *Feudalismo:* Wikipedia 2/17/2011 http:// en.wikipedia.org/wiki/feudalism. Análisis histórico del feudalismo, diferentes conceptos sobre el mismo. Relaciones sociales dentro de la sociedad feudal etc.

2.10 *El estado, Política:* Wikipedia 4/22/2011 http://en.wikipedia.org.wiki/state-polity. Definiciones, tipos y diferentes conceptos de estado. Diferentes teorías acerca de la función naturaleza y legitimidad del estado como institución de gobiernos centralizados en ciertos territorios, su desarrollo histórico y su situación actual.

2.11 C. Kukathas. Una definición del Estado: Wikipedia 3/19/2011. http://philosophy.wise/ edu/a%20definitionof%20%state.htm. El Autor de este estudio hace un análisis de las diferentes definiciones del estado, sus limitantes. Sus aspectos circundantes. Así como un detallado recorrido por la historia del estado y las teorías que han dado fundamento a las mismas. Una clara distinción entre estado, nación y otros.

Capítulo III: El poder Religioso.

3.1 *Budismo.* Wikipedia 5-12-2011 http:// en.wikipedia.org/wiki/budism. Es un complejo estudio sobre las principales características de esta religión. Sus fundamentos; sus alcances, prácticas y diversas denominaciones alrededor de la misma, su distinción y separación del Hinduismo.

3.2 *Islam:* Wikipedia 5-22-2011 http:// en.wikipedia.org/wiki/Islam. El islamismo es la segunda más grande religión del mundo. Su estudio y conocimiento es una tarea de suma importancia para cualquier análisis comparativo de las religiones. Este tratado nos trae un detallado y completo análisis de su historia, su filosofía y su difusión y /o expansión en el mundo actual.

3.3 *Judaísmo:* Wikipedia 5-22-2011 http:// en.wikipedia.org/wiki/Judaism. Este artículo hace un detallado informe acerca de los orígenes, desarrollo y aspectos más relevantes del Judaísmo. Sus principales festividades, su historia y sus diversas denominaciones; su influencia en el cristianismo y el islamismo y otros aspectos importantes sobre sus movimientos actuales más representativos y otros aspectos.

3.4 *Iglesia Católica:* Wikipedia 5-22-2011 http:// en.wikipedia.org/wiki/Catholicchurch. La religión Católica es la denominación más grande del cristianismo en todo el mundo. Este estudio analiza su origen, el desarrollo de su doctrina, su estructura y su influencia en la historia y cultura occidentales.

3.5 *Pluralismo en la iglesia:* Wikipedia 10-14-2010 http://www.crossroad.to.quotes/spirituality/pluralism.html. Un breve sumario sobre el ecumenismo cristiano en el S.XX, su distinción con otras teorías religiosas- teológicas y su coincidencia con el pluralismo religioso.

Capítulo IV:
Sistemas políticos y organización social.

4.1 *Sistema político:* Wikipedia 9-15-2011 http:// en.wikipedia.org/wiki/politicalsystem. Es un artículo que nos trae un listado de las distintas formas de sistemas políticos que se han sucedido en la historia; y una lista de las diversas formas de organización social y sus diferencias.

4.2   *Scott Bruce R. El sistema político-económico del capitalismo:* Wikipedia 2011: doc #07-037 Este estudio nos presenta un detallado análisis del sistema capitalista; sus límites, sus alcances, su desarrollo, su estructura de mercado. Así como los diferentes modelos capitalistas que se han sucedido en el proceso de desarrollo socio-económico del mismo.

4.3   *Capitalismo:* Wikipedia 9/15/2011 http://en.wikipedia.org/wiki/capitalismo. Este estudio analiza las diferentes definiciones del capitalismo, sus diversas interpretaciones; y los diferentes tipos y modelos capitalistas que han regido el devenir histórico de nuestro mundo, como modelos de vida socio-económica.

4.4   *Economía Socialista:* Wikipedia 9/15/2011 http://en.wikipedia.org/wikisociologisteconomics. Este análisis sobre los distintos modelos socio-económicos socialistas nos muestra sus principales características y fundamentos teóricos, así como un listado de las principales críticas acerca de las limitaciones y debilidades que han limitado su implementación.

Capítulo V: La propuesta Pluralista.

5.1.   *A Global status Report: January 1, 2050 predictions of year 2050 world scenario:* J.C Glenn, T.J Gordon 11/17/2010 http://findrticles.com/p/articles/m/374is659/ai57800245/pg2/pgtag=content.com. Esta serie de ocho artículos sobre proyecciones hasta el 2050 sobre tendencias de crecimiento económico, tecnológico, político y cultural de la humanidad. Exploración espacial y ciber-espacial. Las fluctuaciones financieras y el destino del mercado libre. Estrategias de desarrollo y ciclos de producción global y su impacto tecnológico e industrial. Al igual que participación socio-política y cultural de la población mundial en dicho proceso.

5.2. *The Global economy and the global invest agenda (an OECD perspective):* Wikipedia 11/11/2011. Este artículo presenta una mirada a la inversión global en la actualidad y las áreas de mayor incremento de las mismas y sus principales influencias.

5.3. *A Burroughs. Socially responsable:* Wikipedia 11/11/2011. Este autor nos muestra varios criterios que los inversionistas individuales o colectivos deberán tomar en cuenta a la hora de elegir ciertas áreas de inversión.

5.4. *Importance of Investment in the Global Economy (U.S Dept. of state)* Wikipedia 11/11/2011. Nos muestra el incremento alcanzado en la economía global en distintas áreas de la inversión de capital internacional. El impacto de dicho crecimiento en la incorporación a la producción de la fuerza laboral, así como las demandas y necesidades crecientes de capital en distintas áreas.

5.5. *T. Grant (1997). The first Tremors-A Análisis of the Global economic. Wikipedia 11/11/2011* Este autor analiza las causas de la actual crisis económica global. Impacto y consecuencias de la misma en diferentes regiones del planeta.

5.6. *K. Wharton. The Global Economy in 2011: A Rocky ride or smoother sailing ahead? Wikipedia 11/11/2011.* Este estudio muestra los efectos de la crisis económica global en áreas tan importantes como: el empleo, la vivienda, la inflación, las finanzas, el intercambio monetario internacional y otros.

5.7. *Work Bank Wikipedia 11/11/2011*. Este estudio nos muestra una descripción de la estructura orgánica del banco mundial; sus objetivos, sus logros y sus puntos débiles.

5.8. *International Monetary Fund: Wikipedia 11/11/2011*. Nos muestra un análisis de las estrategias, políticas y proyectos de desarrollo de FMI. Sus logros, su estructura orgánica, sus objetivos y su crítica ante los mismos.

5.9. *Purchasing Power parity: Wikipedia 11/12/2011*. Es un estudio acerca del poder de compra que tienen los distintos sectores de la sociedad capitalista actual. El área con mayores tasas de inflación; así como las diferencias de intercambio desigual en las Tasas cambiarias de las distintas zonas geográficas del planeta.

5.10 *List of Countries by GDP (PP) per capita:* Wikipedia 11/11/2011. Es un listado detallado de la tasa de ingreso per cápita de cada uno de los habitantes de la población mundial por país.

5.11 *List Of Countries by Unemployement rate:* Wikipedia 11/11/2011. Es un listado detallado de las tasas de desempleo de cada uno de los países del globo terráqueo.

www.ingramcontent.com/pod-product-compliance
Lightning Source LLC
Chambersburg PA
CBHW070908290526
45795CB00001B/247